福祉総合教育における
ロールプレイ

―生活者の視点を培うゲーミング・シミュレーションの可能性―

石川瞭子 編著

長崎和則・佐藤量子・眞口啓介・藤原真人・佐藤光子・渡邊慶一

八千代出版

執筆分担（掲載順）

石川　瞭子	創造学園大学教授	序章・6章・7章・8章1.2.4.・10章	
長崎　和則	川崎医療福祉大学准教授	1章・2章	
佐藤　量子	川崎医療福祉大学非常勤講師	3章	
眞口　啓介	精神保健福祉士	4章	
藤原　真人	精神保健福祉士	5章	
佐藤　光子	社会福祉法人かしの木総合施設長	8章3.	
渡邊　慶一	聖母女学院短期大学講師	9章	

はじめに

　いきなり堅苦しい話になるが、ここに日本社会事業学校連盟会長あての厚生省・援護局長の通達「社会福祉士養成施設等における授業科目の目標及び内容並びに介護福祉士養成施設等における授業科目の目標及び内容の改正について」がある。

　この通達は1999年11月11日に発行されたもので、社会福祉士養成施設等における授業科目の目標および内容に関して、1988年の通知を改正したので参考までに通知するといった内容のものであった。

　本著でとりあげる社会福祉援助技術論、社会福祉援助技術演習、社会福祉援助技術現場実習の3科目について新旧対照表を見ると、社会福祉援助技術論では科目の第1目標に「基本的コミュニケーションや人との付き合い方などの円滑な人間関係形成を図るための方法について理解させる」とあり、第2目標には「人間尊重、権利擁護、自立支援の観点を踏まえた社会福祉サービスと援助活動との関係について理解させる」が掲げられている。この項目は新たに追加されたものである。

　一方、社会福祉援助技術演習に関しては第1目標として「社会福祉援助技術を具体的な事例や援助場面を想定した実技指導（ロールプレイ）等を中心とする演習形態により、社会福祉援助技術に関する講義並びに現場実習と関連させながら個別指導並びに集団指導をとおして精度を高めつつ習得させる」が掲げられている。これも新たに追加されたものである。

　さらに社会福祉援助技術現場実習では実習において下記の点に留意するようにと、「利用者やその関係者、施設・機関・団体等のボランティア等との基本的なコミュニケーションや人との付き合い方などの円滑な人間関係を形成する能力を強める」が追加されている。これらは当時の世相を反映しての改正であったことがうかがえる。

　上記通達は、2000年4月に筆者が前任校に着任した後に、大学経由で知った。当時、筆者は授業に「うまくいかなさ」を感じていたので、この通達を

確認しながら授業のあり方を模索していったのである。そしてそれなりに授業を構成できるようになった時、2003年の日本社会事業学校連盟主催の社会福祉教育セミナーの分科会に参加した。そして、その「援助技術演習の分科会」の座長に岡本民夫先生がいらっしゃったのである。

　その会で偶然に岡本先生と話す機会があって筆者の取り組みを述べたら、岡本先生は「それを学会や論文等で発表したことがあるか」と聞かれ、「発表していなければ実践していないと同じだ」と話された。大変に印象深い言葉であった。その後、大橋謙策先生と話した時も「是非、それを著書にまとめなさい」と励ましていただいた。筆者にしてみれば厚生省（現・厚生労働省）の通達があるのだから教育現場はみなそれらの取り組みを実践しているはずであって、ことさら特別なことをしているとは思えなかったので、先生方の言葉はやや意外でもあった。

　しかし、某出版社より発行された「社会福祉援助技術演習」の教科書を見て驚いた。ロールプレイに関しては4頁の割り当てで、内容も十分とはいえないものであった。そこで他校ではどのようにロールプレイを扱っているのかを調査してみた。それに関しては本著で長崎が報告しているが、この報告にも驚きを禁じえなかった。社会福祉援助技術演習の第1目標に掲げられているロールプレイ等の実技指導が実施されていないだけではなく、ロールプレイがあると講義で教科書を指し示すだけという現実が示唆されていたからだ。

　そんな折に奇遇が訪れた。筆者は渡邊慶一氏の論文（渡邊2001）を持っていた。渡邊氏の「社会福祉専攻学科教育における演劇的知の思考」は孤独な実践家であった筆者の唯一のなぐさみであった。同じような思いを抱いて実践している教員がいる、と知って勇気を得ていたのだった。2004年、研究メンバーに加わった長崎がその渡邊氏を知っているという。そこから渡邊氏をむかえて筆者と長崎と佐藤量子とTAであった藤原と眞口らとの共同研究が開始された。

　それから刊行まで4年を経過させてしまったのは、ひとえに筆者の責任である。職場を関東に移したためそれなりの研究体制を組むのに時間が必要で

はじめに

あった。やっとここにすべての原稿が集まり出版の準備が整った。

　なお筆者の前任校では松宮先生、山本先生をはじめ大学院生の芝原さん、野瀬君、広坂君、佐治さん他の協力を得た。まがりなりにも何とかやってこれたのはこうした協力者がいてのことである。ここに感謝の意を表したいと思う。

　本著『福祉総合教育におけるロールプレイ―生活者の視点を培うゲーミング・シミュレーションの可能性―』は「理論編」であり、次編でさまざまな養成現場の演習等の実際を「実践編」として出版したいと思っている。本著を読み賛同くださる方がいたら一報をいただきたい。ともに社会福祉の養成教育のあり方に一石を投じていこうではありませんか。

　　　　　　　　　　　　　　　　　　　　　　編著者　石川瞭子

目　　次

はじめに

序章　福祉総合人の育成のために ……………………………………1
　1. 福祉の総合教育が求められている時代的背景　1
　2. 福祉総合教育のなかのロールプレイ等の演劇的手法の可能性　3
　3. ロールプレイ等の参加体験型の福祉総合教育の実践　4
　4. ロールプレイ等の演劇的手法を組み込んだ総合教育の目的　6
　5. 生活者の視点を培うゲーミング・シミュレーション教育法の可能性　8

1章　わが国のソーシャルワーカー養成上の課題 ………………………15
　1. ソーシャルワーカーと社会福祉士の関係　15
　2. わが国の生活問題の現状とソーシャルワーク　19
　3. ソーシャルワーカー養成に関する現状とロールプレイの位置づけ　22

2章　わが国のソーシャルワーカー養成課程のなかのロールプレイ ……35
　1. ソーシャルワーカー養成にかかわるシラバス分析　35
　2. 分析結果　38
　3. 考　察　41

3章　米国のソーシャルワーカー養成課程における
　　　ロールプレイの展開について ……………………………………43
　1. はじめに　43
　2. 米国のシステム　44
　3. 認定校でのカリキュラム　45
　4. カリキュラムの内容—ロールプレイを中心に—　46
　5. 考　察　52

4章　グループ学習におけるロールプレイの意義
　　　—K大学の社会福祉援助技術論において— ……………………55
　1. アンケート調査の概要　55
　2. 班内の役割の変化　56

3. 考え方の変化　61
　　4. グループ発表を通して　67

5章　ロールプレイを授業に展開することの意義
　　　　―人間育成の観点から―……………………………69
　　1. 授 業 内 容　69
　　2. 学生への意図とねらい　70
　　3. 学生の悩みと変化　71
　　4. アンケートについて　72
　　5. 注 意 点　77
　　6. ロールプレイを授業に展開することの意義　79

6章　ロールプレイ等の演劇的手法を盛り込んだ授業の特徴　………81
　　1. 授業の特徴　82
　　2. 授 業 評 価　85
　　3. 論文から授業を振り返る　88
　　4. 大学改革FDの動き　96

7章　授業の実際　………………………………………………99
　　1. 社会福祉援助技術論Ⅱの実際　99
　　2. 社会福祉援助技術演習Ⅱ、「ライフサイクル上に発生する危機場面の再構成」　111
　　3. 技術論と援助演習と実習の相互性　128

8章　演劇的手法を用いた社会福祉の養成課程
　　　　―その他の場合―………………………………………131
　　1. 通信制大学A大学Z学習センター　131
　　2. B専門学校　133
　　3. 社会福祉法人「かしの木」　135
　　4. ま と め　145

9章　ロールプレイの可能性
　　　　―演劇的知の構築と社会福祉士養成―………………147
　　1. ロールプレイと演劇的知の接点―問題への接近を試みる―　147

2. ソーシャルワークと演劇ワークショップの接点
　　　―演劇的知を生かす―　158
　3. 演劇的知の構築―ロールプレイの新たな一面を見出す―　167

10章　生活者の視点を育む
　　　　ゲーミング・シミュレーション教育法の可能性 ……………181
　1. 教育者主体と教育環境―まずは養成者の主体確立―　181
　2. 養成教育のシステム構築―コアカリキュラムとして技術論と援助演習
　　 を位置づける―　184
　3. ロールプレイが育む生活者の視点　186
　4. ゲーミング・シミュレーション教育法の可能性　189
　5. さいごに　191

おわりに　197
引用・参考文献　199
索　　引　207

序章

福祉総合人の育成のために

(石川瞭子)

　本著は、ソーシャルワーカーの養成課程において、授業のインパクトを高め、教室全体が活性化し、学生の主体的な参加が促進される、ロールプレイ等の演劇的手法を用いた参加体験型の福祉総合教育の提案である。そして学生の主体形成を教育の第1のビジョンとしたゲーミング・シミュレーション教育法の提案でもあり、その目的は、当事者と家族と生活地域の全体を視野に入れて人権擁護を具現化する福祉総合人の育成にある。

　ちなみにわが国はさまざまな社会的急務を抱えている。続発するいじめ自殺や生徒殺傷事件、子どもへの虐待事件、ネット集団自殺事件、中高年のうつ病と自殺問題、アルコールや薬物等の依存問題、成人期の離婚・DV（ドメスティックバイオレンス：夫婦間の家庭内暴力）・ストーカー問題、青少年の不登校や引きこもり問題、思春期の校内暴力事件や少女の買春など、多様な社会を反映した多様な生活問題が多発しているのは周知のとおりである。以下に本著の目的を5項目で記す。

1．福祉の総合教育が求められている時代的背景

　現代社会の問題は一つひとつの事件の深刻さではない。問題は、問題が解決されずに遷延化することによって複合化し、全く新たな問題を発生させる点にある。たとえば子どもの不登校を例にとっても、背後に両親の不和・薬物依存問題やDV、健康や経済問題などが複合して観察されることが稀では

ない。さらにそれらを放置した結果、家屋放火殺人事件や一家心中という深刻な社会問題を発生させてしまうこともある[1]。

わが国の社会的な問題の代表的な特徴を3点あげれば①多様性、②複雑性、③緊急性である。これらに対応するために、社会的な問題解決の役割と立場にあるソーシャルワーカーは、すべての知識と技術とを動員し、社会資源をかき集め、先端技術を駆使して当事者と家族と生活地域の全体を視野に入れて人権擁護を実施していかねばならない。そこで浮上してくる問題は、ソーシャルワーカーの感受性と主体性と関係性を構築し実行するアクティビティ（実践力）である。福祉総合人を育成する目的がそこにある[2]。

時代に相応した福祉総合人を育成するために涵養すべき能力を3点あげれば①表現力、②調整力、③PC力であろう。①の表現力とはパフォーマンスする力である。知識や技術や資源を支援のなかで効果的に使用するには表現力、つまり伝える技術が必要になる。それは代弁（アドボケイト）する力やエンパワーする力でもある。②の調整力とはマネージメント力である。連絡調整から連携し協働する力の総称でコミュニケーション力の総和を指す。③のPC力とは情報を収集し、統計ソフトを使いこなし、パワーポイントを使用しプレゼンテーションするIT力を指す[3]。

特にパフォーマンスする力やプレゼンテーションする力は、今後最もソーシャルワーカーの養成課程で涵養すべき力となろう。なぜなら地域福祉を推進するためだけでなく、当事者と家族と生活地域の人権を擁護するソーシャルワークの展開過程において、情報を適切にプレゼンテーションすることが最も重要になってくるからである。主体的な選択を支援するには情報の提供の方法がカギを握るのである[4]。

とはいえ、それらの総合能力を育成することは容易ではない。そもそも、それらは個々の領域の専門家が個々に担ってきた専門領域である。福祉総合教育の必要性を認めたとしても、現実問題としてどのように分担し実施していくかたいへん困難な問題が横たわっている。また分担そのものが無理だと主張する教育関係者もいるに違いない。しかしながら基礎構造改革と今般の自立支援法の実施を考えれば、人権擁護に特化した福祉サービスの展開が急

がれているのは論を待たない[5]。つまり、問題は新たな福祉総合教育の方法論の提示なのではないだろうか[6]。

2．福祉総合教育のなかのロールプレイ等の演劇的手法の可能性

周知のとおり1999年度、社会福祉士養成課程における社会福祉援助技術演習の授業時間数が倍増した。理由は理論と実践の乖離を是正するためであると厚生労働省は説明している。同省ではグループによる事例検討やロールプレイ等の体験学習のさらなる導入を養成側に求めている。そこにはいくつかの課題がある。

不謹慎を承知で述べれば、福祉の現場のワーカーとして働いた経験もなく、事例に接した経験もなくロールプレイも知らない養成教員が相当数いて、援助演習を座学で教えている可能性がなくはない[7]。福祉の支援技術や理論を知識として持ってはいても、現場で当事者や家族の地域生活の実際に接した経験がない教員が事例を解説し、体験学習の方法としてロールプレイがあると教科書を指し示す、ということが現実にないわけではない。そうだとすれば授業時間数が倍増しても教育効果が倍化するとは限らない[8]。

ここで断わっておくが、筆者はそうした教員を批判しているのではない。社会福祉の領域は広いし、多様な専門領域の人材を必要としている。必要なのは養成現場に向けた総合教育の教授法と教材の開発なのである。本著の意義もそこにある[9]。

ところで米国の多くの大学では、学部教育で感受性と主体性と関係性を構築する能力を培い、修士課程でマネージメント能力を涵養し、家族再建のノウハウを取得するように養成プログラムが構成されているという[10]。学部教育で援助技術の理論を学びロールプレイ等の体験学習を組み合わせて学習し、修士課程で現場実習と連動させてグループ学習による事例検討やロールプレイ等の体験学習を組み込みながら、家族再建とマネージメント能力を涵養する養成校が少なくないという[11]。

学部教育と大学院教育の機能の分化を明確に設定し、6年間の一貫した教

育が効果を収めるよう養成プログラムが構成されているのである。そのプログラムで際立っている点はロールプレイ等の参加体験型の授業が機会あるごとに組み込まれている点にある。しかも学部でロールプレイ等の参加態度は成績評価の相当程度を割りあて、ソーシャルワーカーとしての資質を判断するという養成校も多い[12]。大学院では専門技術の研修で現場の体験をロールプレイで再現し学生の自己洞察力を高めているという。

　CSWE（Council on Social Work Education・以後CSWE）では、ロールプレイ等のシミュレーションの機能を活かした教育方法は、福祉の人材育成に欠かせないと捉えているようである。理論と実践、教育と現場の架け橋としてロールプレイ等が用いられ、当事者の人権擁護を実現させているのである。そうした傾向はカナダや欧州でも見られる。よってわが国の養成課程においてもロールプレイ等の参加体験型の総合教育法を検討してみてはどうかと筆者らは考え、実践をつみあげてきた。

3．ロールプレイ等の参加体験型の福祉総合教育の実践

　ここで話を変えて筆者らの実践の経過を述べよう。詳細は後述するのでここでは概略を報告する。筆者はソーシャルワーカーの養成教育にロールプレイ等の演劇的手法を組み込んだ総合教育を実践して10年になる。チームティーチングを形成できたのはこの5年間で、その前は単独で展開してきた。授業内容は社会福祉援助技術論（以下、技術論）ⅠないしⅡ、社会福祉援助技術演習（以下、援助演習）ⅠないしⅡ、および社会福祉援助技術現場実習Ⅰおよび精神保健現場実習Ⅲである。技術論および援助演習は無作為に選んだ学生数人の3グループで1コマを構成する。

　技術論では教科書の虫食いレジュメとパワーポイントでまとめ発表する班、教科書の内容から取材先を選定してビデオで録画しパワーポイントで編集し発表する班、教科書に関連する社会問題化した事例をネットやメディア等から選出し、劇化して発表するロールプレイ班の3班で構成される。

　援助演習はファミリーライフサイクル上に発生する危機場面を3本のロー

ルプレイで発表する。3班は社会問題化した危機的な生活場面を再現し、関連する新聞記事やネット上の情報にデータ等の資料を添付し、グループ内で検討を加え未然防止に何が必要だったかを考察し、レジュメを作成してロールプレイの前後に解説を行う。

　上記の授業は1コマの進行を3班の学生の代表が行う。授業の終わりにリアクションペーパーを全参加学生が記入し、そのリアクションの概要は次の授業の前に学生により全員にフィードバックされる。なお授業の担当教員はその年によって異なるが、おおむね筆者を含め2人の正教員、1人のソーシャルワーカーの補助教員、2人の大学院生のTA（ティーチング・アシスタント）で構成される。学生数は230人前後で13コマを39グループで編成した。

　一方、精神保健現場実習Ⅲは履修人数によりグループ数と班構成メンバー数は異なるものの、おおむね数グループの編成で半年間進行し、学期末にパワーポイントとロールプレイ等の演劇的手法を組み込んだ実習報告会と実習報告集で締めくくる。実習報告会に向けた実習の事後学習は、実習中のエピソードからいかに学びを深めるかという命題に学生が真摯に対峙し、その学びの結果を現場の指導者にフィードバックするという目的がある。

　以上の3科目の授業形態にいたるまで5年間の歳月が必要であったし、いまだ完成された授業形態ともいえない。試行錯誤の連続から、複数の教員と大学院生のチームティーチングによるロールプレイ等の演劇的手法を取り入れた参加型の授業が構成されたのである。そして思い起こせば、教室は教員が授業をサポートする立場となり学生が主体の学びの場となっていた。

　表現力・調整力・PC力の育成目的で構成された授業であったが、学生の主体を開発する福祉総合教育という授業形態になっていた、というのが本当のところである。そのなかでもロールプレイは授業全体を牽引し、学生の参加意欲を高揚させて集中力を高め、理論の復習とソーシャルワーカーの職業アイデンティティを獲得するまたとない機会を提供したのである。授業後のリアクションペーパーと定期テスト終了後の複数のアンケート結果は、後で詳しく報告する。

4．ロールプレイ等の演劇的手法を組み込んだ総合教育の目的

　図0-1は筆者らの養成教育の基本的な考えを左から右への時間軸で説明したものである。本来、大学等の養成機関は卒業時に100%の主体と責任を学生に譲りわたしていく。入学から卒業までの4年間で、養成側にあった主体と責任を段階的に学生に譲りわたし、卒業時には100%の移譲を完了するのが妥当である。段階的移譲は主体と責任あるソーシャルワーカーを輩出するための前提条件となろう。

　図0-1の右肩上がりの斜線は、入学時100%あった主体と責任が卒業時に100%養成側から学生に移譲していることを示している。移譲は養成側が担ってきた主体と責任、つまり授業の決定や実行を学生に譲りわたしていくこと、具体的には授業の方法と進行に学生を参加させていくことである。授業の内容に関しては教員に責任が残るものの、授業の方法と進行は学生に委ねても良いはずである。学生はそれに伴う緊張と責任を経験するよう計画される。主体と責任を持たされることにより学生は成長するのである。

　しかしながら参加型授業はなかなか困難な部分がある。ソーシャルワーカーの養成課程は人権を扱うだけに養成側に教育の責務が重くのしかかっている。結果的に学習の内容から方法や進行まで担当教員が準備してしまい、一方的なつめ込み教育になりがちとなる。しかし本来、学習の方法や進行は

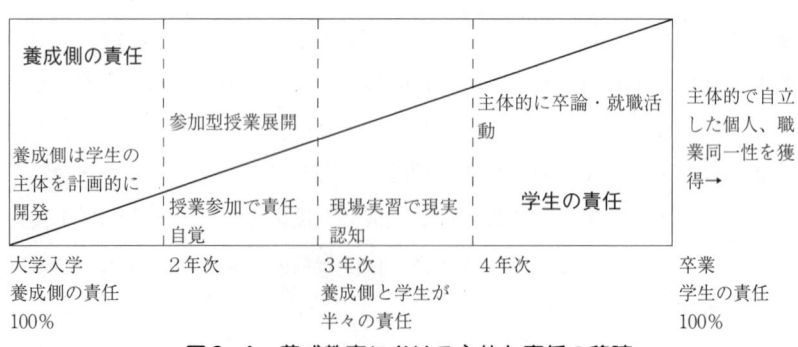

図0-1　養成教育における主体と責任の移譲

学ぶ主体の学生が決めて良い。

　図0-2はソーシャルワークにおける主体確立の相互性を示したものである。ソーシャルワークは生活上の困難や問題の解決を当事者の主体的な行動で実現する過程をサポートすることであるとするのなら、当事者の主体の確立こそがソーシャルワークの目的となる[13]。それは与えられる人権から獲得する人権へのシフト変えを意味し、その動きは与えられる地域福祉から地域の主体的な活動により獲得するサービスという流れと連動する[14]。そうだとするのならば、与えられる教育ではなく学生が主体的に学ぶ獲得型の授業が保障されなくてはならない。なぜなら主体確立は相互依存的な性質を持つからである[15]。そうした意味からも養成教育の授業形態は見直されなくてはならない。

　ちなみに福祉総合教育の目的は福祉総合人の育成にある。福祉総合人の現場での役割は①事例のアセスメントとニーズの把握、②支援のプランニング、③他機関との連絡調整である。専門的に高度の技術が必要なケースは適切な援助の機関と連携する。つまり福祉総合人の最も重要な役割は、生活問題の発見と未然防止の段階での問題の対処である。当事者と家族と生活地域の全体から人権侵害を予防する広い視野と行動力を持つ福祉総合人が求められている[16]。

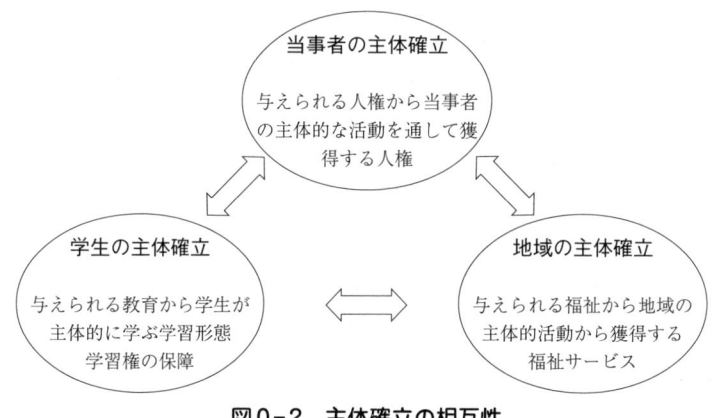

図0-2　主体確立の相互性

多くの場合、当事者の問題は家族と生活地域のなかで発生するが、解決の方法もそのなかに潜んでいることが少なくない。当事者の生活に接することができるソーシャルワーカーが問題の発見と問題の発生を未然に防止し解決することができるのである。ただし未然防止や解決にはソーシャルワーカーに研ぎすまされた感受性と主体性と他職種の調整等の能力・アクティビティ（実践力）が求められる[17]。ロールプレイ等の演劇的手法を盛り込んだ総合教育はそれらの能力を開発するために誕生した歴史がある。その点については9章で詳しく論説する。

5．生活者の視点を培うゲーミング・シミュレーション教育法の可能性

ロールプレイはわが国で役割演技と狭く捉えられているが、欧米ではスキット（寸劇）やドラマや演劇等の体験学習も含め、グループ発表形式で行う総合学習の代表的な形態としている[18]。この方法は当事者の理解を進め、学生の自己覚知を促し、ソーシャルワークの理論や理念の理解を深めるまたとない機会を提供する。当事者の生活問題の多様性を共感理解し、他機関との連携や他職種チームワークで人権回復に取り組むためのコミュニケーション能力を向上させる機会を提供するのである。また学生の人間的成長に欠かせない多様な経験の場でもある。

他方、ゲーミング・シミュレーション教育法は社会科教育の一環として1980年代に欧米で研究が進められ、わが国においては10年ほど前に井門らによって紹介された（井門2002）。井門によれば、この教育方法はロールプレイやスキットやディベートなどの模擬的・間接的な体験学習を活用して対象の理解を進め、問題解決を図る方法であるという。

さらに井門は、社会的な実践力の涵養を主な目的とした教育方法であるゲーミング・シミュレーション教育法は、特に他者との合意を図り自己実現して建設的に社会を変革していく力を育むと述べている（井門2007）。筆者は2年前にこの教育方法を知り文献をとりよせて研究を進めた。筆者の調査に

よれば現在、わが国の社会福祉養成課程において本教育法を研究し実践している現場はまだないようである[19]。よって本著でその教育法の可能性を検討することは意義あることに違いない。

本著の進行は、1章で「わが国のソーシャルワーカー養成上の課題」として長崎が述べる。長崎は筆者が職場を関東に移した後も技術論の授業を佐藤量子らと継承している。また長崎は2章で江口邦和[20]が行った165校の養成校のシラバスの調査からロールプレイ等の演劇的手法が実際にわが国でどの程度養成教育に反映されているかを検討し、今後のソーシャルワーカー養成上の課題も述べている。

3章では、米国のソーシャルワーカー養成課程でロールプレイ等の演劇的手法がどのように用いられているかを、ネット上で公開されている大学等のシラバスやCSWEの指導内容を分析し、佐藤量子が報告する。

4章では、眞口が筆者らの行った援助技術論Ⅱの授業アンケートの調査分析から、ロールプレイが人間教育に果たした役割を述べる。5章は藤原が技術演習Ⅱの授業アンケートの分析から、グループ学習におけるロールプレイ等の意義を分析する。両者ともそれらの授業を実際に学生時代に経験し、現在はソーシャルワーカーとして現場で活躍している共同研究者である。

6章では筆者らの授業の特徴を述べた後に、それらの授業に関して大学が行った授業評価を用いて振り返り、上記2論文に精神保健実習Ⅲの授業のアンケート調査を行った河村論文を加えて、検討を行うことにする。さらに大学FDの動きを紹介し自らの授業を筆者なりに評価する。

7章では、2005年度に行われた技術論と援助演習の2科目の授業の具体的な進行内容を、学生のリアクションペーパー分析と期末の定期テストの回答、学生が作成したロールプレイのシナリオに分析を加え、それらの授業を多面的に筆者が報告する。

8章は筆者が行ったロールプレイ等の演劇的手法を用いた現任者研修を振り返る。一つは通信制A大学で平均年齢46.23歳の50名の参加者、次は社会福祉養成校・B専門学校の平均年齢36.7歳の20名の参加者、さらに社会福祉法人「かしの木」の平均年齢40.5歳の21名の2005年〜2007年に渡る

研修の内容である。ロールプレイ等の演劇的手法を用いた研修は年齢や経験や職業に関係なく「人育て」という側面があることが示唆された。

9章は、「ロールプレイの可能性―演劇的知の構築と社会福祉士養成―」と題して渡邊が論じる。渡邊はロールプレイの歴史研究から現在にいたる経緯を述べ、演劇的知の可能性の一つとしてロールプレイの今後を展望している。

最後の10章は、筆者がゲーミング・シミュレーション教育法に言及し本著を締めくくる。表現力・調整力・PC力の育成に貢献するロールプレイ等の演劇的手法を取り入れた全人的な教育方法の可能性を述べ、社会福祉士養成教育への導入を提案したい。

≪注≫

[1] 2006年度と2007年度に子どもが家族を殺害して家屋を放火した事件は、京都の中学生A男の事件をはじめとして数件発生している。その背後に家族関係や不登校などの学校不適応があったことが示唆されている。報道された事件以外にも相当数の類似事件があったと予想される。

[2] 藤林はコンピテンシーという用語を使用し「感受性が優れ環境適応力が高い。どんな相手に対しても人間性を尊重することができる達成能力の高い人材」という表現を用いている（藤林慶子〔2005〕「社会福祉士養成教育における現場実習の現状と課題―実習前教育とミニマムスタンダード―」『社会福祉教育年報』(2004年度版) 日本社会事業学校連盟、108-110頁）。筆者のアクティビティと同義である。

[3] 人材育成に関して大橋は「実践仮説の大切さ・2つのそうぞう性と実践課程のセンス」と表し、表明されていないニーズをどうキャッチするか大きな課題であり実践仮説と診断法と治療法が大きな意味を持つとして、臨床家、実践家は対人サービスを必要としている人に寄り添い生きる力を認め、引き出し活動の機会を増やすことが目的、と述べている（大橋謙策〔2006〕「巻頭言」『日本社会福祉学会第54回全国大会　大会企画シンポジウム　抄録』）。その一方で山田は「ソーシャルワーカー養成における権利擁護教育」(山田晋〔2005〕『社会福祉教育年報』(2004年度版) 日本社会事業学校連盟、173-214頁) のなかで、「演習で代弁（権利擁護）できるような学生を育てなければならない。アサーティブトレーニングあるいはプレゼンテーション、ディベートもそうした意味で学科レベルの取り組みが必要」と述べている。両者はともに時代に即応した養成教育のあり方に言及している。

4) 情報を適切にプレゼンテーションすることが主体的選択に必須である点を、高橋はカナダ・オンタリオ州の子ども家庭サービス法の「知らされる権利　こども権利ハンドブック」を例に述べている（高橋重宏〔2001〕「これからの社会福祉教育—ソーシャルワークと権利擁護—」『社会福祉教育セミナー報告要旨・資料』15-20頁）。子ども福祉だけでなくあらゆる福祉領域における適切な情報提供は人権擁護に不可欠である点は知られつつある。

5) 人権擁護に特化したサービスの展開の教育に関して、山田は、権利擁護カリキュラムをどこに入れるのか、社会福祉援助技術論のなかに権利擁護という項目を増やしていくのか、社会福祉従事者が考えている「権利と自己決定」と利用者本人が考えている「権利と自己決定」が利益相反行為というかパターナリズムがあるのかないのか議論する必要がある、と述べている（山田晋〔2005〕「ソーシャルワーカー養成における権利擁護教育」『社会福祉教育年報』（2004年度版）日本社会事業学校連盟、196頁）。現在も権利擁護に特化した教育法が確立しているとは言い難い。

6) 教育方法の方法論に関して、2001年度の社養協の定期総会で会長の高橋が「特に援助技術演習といったソーシャルワーカーの命に関わるところの力量を高めていくことが大きな課題である」として「力量の高い専門家を世に出していかなければ社会からソーシャルワーカーに対する信頼は高まらない」と述べている（高橋重宏〔2002〕「巻頭言」『社会福祉士養成協会ニュース』No. 1）。また保正は現場と教育の共有化ができていないとして、技術論と演習と実習の関連性が不明確で演習と講義の重複があり時間のロスも生じていると述べ、互いに評価しながら質を高める機会をつくっていくことを提案している（保正友子〔2005〕「ソーシャルワーカー養成教育における教員研修のあり方」『社会福祉教育年報』（2004年度版）日本社会事業学校連盟、78-84頁）。教育方法論もいまだ議論が続いている。

7) 谷川は「2002年の調査研究事業のなかで社会福祉学を学んだ上で技術演習を担当しているのは全体の七割で、そのなかでも現場経験があるかないか、どの領域に興味関心を持ってきたかで（演習の授業内容）は異なる」と述べている（谷川和昭〔2005〕「ソーシャルワーカー養成教育における教員研修のあり方」『社会福祉教育年報』（2004年度版）日本社会事業学校連盟、73-94頁）。援助演習に限らず教授内容の格差是正は今日的課題でもある。

8) 大橋は「2001年に社会福祉援助技術演習を刊行したが、教員から教材として適切であるが、学生自身が社会福祉援助技術を学ぶということではやや難しいという指摘があった」として2003年に改訂版を刊行した。大橋は「ソーシャルワークを日本に定着させるために更に職育の在り方を検討することが重要」と述べている（大橋謙策〔2003〕「巻頭言」福祉士養成講座編集委員会編『社会福祉援助技術演習』〔社会福祉士養成講座15〕中央法規出版）。一方、白澤は「社会福祉士専門職教育の今後の課題—教育側での専門職養成意欲の促進

とポリティカルナイーブの克服―」と題して、「実践力のある人材になるように養成してきただろうか、現実には演習や実習教育内容について大学間での格差が大きく、社会のニーズに応える専門職養成になっていなかったのではないか」と述べている（白澤政和〔2007〕『日本社会福祉学会第55回全国大会　抄録』401頁）。急速な時代の変化に即応した養成教育のあり方の模索が続いている。

9) 養成教育と教材の開発に関して、太田は「社会福祉教育の刷新である。それは利用者の現実に迫ることができる方法を、利用者とともに参加し協働できる実践の科学的な展開によって具体的に提示することである」として教材開発を行っている（太田他 2005）。谷川は「教材ニーズの分析」と表して教材は授業成立要件であると述べ、教材ニーズ充足の効果分析を行うことが大事である、と述べている（谷川和昭〔2005〕「ソーシャルワーカー養成教育における教員研修のあり方」『社会福祉教育年報』（2004年度版）日本社会事業学校連盟、73-75頁）。確かに筆者らは教科書を所与のものとして使用してきた。今後、教科書等の教材の評価とともに教授法である「どう教えるか」の刷新は急務で、その効果測定法も喫緊の課題である。

10) 米国の養成プログラムに関して、周藤は米国のソーシャルワークの大学院教育に触れている。大学院ではロールプレイ等を中心にして面接技法を伸ばすカリキュラムが組まれている、それは学部レベルとは異なった次元である、と報じている。そして「哲学が必要だ、哲学と切り離されたカリキュラム、あるいは養成教育は破綻する」と含蓄あることばを添えている（周藤恭之〔2005〕「ソーシャルワーカー養成における『司法福祉』教育」『社会福祉教育年報』（2004年度版）日本社会事業学校連盟、216-222頁）。

11) 共著者の佐藤量子は本著3章で米国の社会福祉の養成校のホームページから検索した結果を報告している。それによると養成課程のコアカリキュラムにロールプレイ等の体験学習が配置されており、問題解決アプローチやアセスメントの技術を身につけていくねらいがあり、その参加態度は成績に相当反映される仕組みがある、と報じている。

12) グループ学習と体験学習を重視した教育に関して上村は、英国の実践を参考にして以下のように述べている。「職員間のスーパービジョンの技術向上を図るための研修プログラム」を活用し、「グループ活動を通して自己開示や傾聴を体験的に実践することにより互いの個性や多様性を認め尊重していくなどの認識や、課題追求や学習への意欲化につながっていると思われる」と報告している（上村千寿〔2007〕「社会福祉技術演習における教育指導法　Team Development Programを用いた学びの協働化への試み」『日本社会福祉学会第55回全国大会　抄録』496頁）。

13) 社会福祉の目的は「当事者の主体確立」という点について、今さら言及するまでもないように思えるが、しかし議論は終わっていない。日本社会福祉学会第55回全国大会の大会記念講演では「人間の主体性」が掲げられ、また大会

企画シンポジウムでは「自己決定と社会福祉サービス利用者の主体性と福祉援助観」と題されていた。そのなかで白澤は「自己決定という原則そのものが揺らいでいる」として「こうしたことを議論する意義は利用者の主体性を支援するとしてきた社会福祉援助の基幹に関わることにあり、本シンポジウムを介してサービス利用者の主体性の支援とは何か、さらに社会福祉の固有性とは何かを問い直してみる契機としたい」と述べている（白澤政和〔2007〕「自己決定と社会福祉サービス利用者の主体性と福祉援助観」『日本社会福祉学会第55回全国大会シンポジウム　抄録』17-19頁）。「主体性」に関しても議論が続いている。

[14] 地域主体の獲得型福祉サービスに関して小澤は「ケアマネージャーやケアマネージメントチームによる一方的なケアプラン作成から利用者参加型のケアプラン作成への変換の重要性が認識されてきた」と報じ（小澤温〔2007〕「障害者地域生活支援のプログラム開発とその評価」『日本社会福祉学会第55回全国大会シンポジウム　抄録』41-42頁）、また藤井は「開発というキーワードが地域福祉実践において重要視されている」と述べている（藤井博志〔2007〕「地域福祉実践を開発する研究」同上、34-35頁）。

[15] 佐藤は主体の相互依存性に関して、援助関係は「主体の変容」の支援過程であるから対象者と援助者の両方に起こることで「時間とともにおこる現象」と述べている（佐藤2004：12-15頁）。主体の相互依存性は人間が開かれたシステムであるとした生態学的認識論でも説明できる。

[16] 未然防止と予防の観点は児童虐待関係から盛んに叫ばれてきた点は周知のとおりである。山本は「知識と経験則を最大限活用した、予測に基づいた予防法や危機管理法を創出するとともに、未来社会を戦略的に再設計、再構築する必要がある」として「そこにおける『感性』的要素の重要性」に触れている（山本光璋〔2006〕「社会福祉と感性」『日本社会福祉学会第54回全国大会　大会企画シンポジウム　抄録』17-19頁）。

[17] 詳しくは本著の渡邊に譲るが、狭義のロールプレイはわが国で認識されている「役割演技」であり、広義では演じること、調査すること、協議することなどの一連の行為する教育方法を指す。わが国では1980年代から実践されてきたが必要性を説く量に較べ実践の量は比較的少ない。しかしエンパワーメントが叫ばれてから徐々に関心が高まり、看護系から社会福祉系と実践の広まりは見せている。なお本著では広義の意味で「ロールプレイ」を用いる。

[18] 人間成長とロールプレイに関して中村の『臨床の知とは何か』（中村雄二郎〔1992〕岩波書店）を待つまでもない。井田は「ロールプレイ等のシミュレーションは価値決定を促す授業であって教室内で現実世界を実感できる体験的な学習方法で、学生が自ら考える主体的な分析や解釈が可能」と述べている（井田 2005：203-249頁）。

[19] ゲーミング・シミュレーション教育法に関して、筆者が日本社会福祉学会第

55回全国大会で口頭発表したが、会場の参加者のなかでこの教育法を知っている者は数名いただけだった。会場から養成教育において有用な教育法ではないかという反応があった（石川 2007）。

[20] 江口邦和氏は本研究の当初に参加していたが、本業の精神保健福祉士の仕事が多忙となり長崎が引き継ぎデータを分析した。

1章

わが国のソーシャルワーカー養成上の課題

（長崎和則）

1．ソーシャルワーカーと社会福祉士の関係

　本著では、福祉総合教育とロールプレイについて、福祉総合教育をソーシャルワーカー養成教育においてどのように行うべきなのか、という視点で論じていく。そのために、本章では、ソーシャルワーカー養成を考えるにあたって、実際に日本で行われている「社会福祉士」養成教育との関係を整理しておく。

　日本においては、ソーシャルワーカーに関して異なる二つの考えがあり、その理解がソーシャルワーカーやその養成教育を学習する際に重要となる。一つは、社会福祉サービス事業所（施設・機関）の職員という考え方であり、もう一つはソーシャルワークを行う者という考え方である。法律上は最初の考え方が強く、大学等の教育現場では後者の考え方が優勢である。そして、この二つが完全に重なっていないことが、ソーシャルワーカー養成の混乱を引き起こしている。

　社会福祉士は、さまざまな法律で規定されている社会福祉サービス事業における相談業務を担うという位置づけが強い。その結果、多くの生活問題に対応するが、対処できる範囲は限定されている。「社会福祉士及び介護福祉士法」に関する規定を見てみると、次のように書かれている。

（定義）

第2条　この法律において「社会福祉士」とは、第28条の登録を受け、社会福祉士の名称を用いて、専門的知識及び技術をもつて、身体上若しくは精神上の障害があること又は環境上の理由により日常生活を営むのに支障がある者の福祉に関する相談に応じ、助言、指導、福祉サービスを提供する者又は医師その他の保健医療サービスを提供する者その他の関係者（第47条において「福祉サービス関係者等」という。）との連絡及び調整その他の援助を行うこと（第7条及び第47条の2において「相談援助」という。）を業とする者をいう。

　ここでは、相談に応じ、助言、指導その他の援助（相談援助）を行うとあるが、どこで相談援助を行うと想定されているのであろうか。これは、実務経験としてどこでの経験を認めているか（表1-1参照）、実習施設としてどこまでをその範囲として認めているのか（表1-2参照）ということで判断できる[1]。

　これらの表の内容を見ると、先にあげた二つの考え方のうち、社会福祉サービス事業所の職員を指していることがわかる。

　これに対し、大学等教育機関で行われている教育においては、このような社会福祉サービス事業所での職務を基本としながらも、ソーシャルワーク本来の責務を志向している。ここでいうソーシャルワーク本来の業務の背景には、国際的なソーシャルワーカーの定義が大きく影響している。

　たとえば、国際ソーシャルワーカー連盟（IFSW）の定義を見てみよう。

　定義[2]　ソーシャルワーク専門職は、人間の福利（ウェルビーイング）の増進を目指して、社会の変革を進め人間観における問題解決を図り、人びとのエンパワーメントと解放を促していく。ソーシャルワークは、人間の行動と社会システムに関する理論を利用して、人びとがその環境と相互に影響し合う接点に介入する。人権と社会正義の原理は、ソーシャルワークの拠り所とする基盤である。（2000年7月27日モントリオールにお

ける総会において採択、日本語訳は日本ソーシャルワーカー協会、日本社会福祉士会、日本医療社会事業協会で構成するIFSW日本国調整団体が2001年1月26日決定した定訳である）

表1-1　実務経験の対象範囲

高齢者関係施設	障害者関係施設	児童関係施設	その他
・養護老人ホーム	・身体障害者更生相談所	・児童相談所	・保健所
・特別養護老人ホーム	・身体障害者福祉センター	・母子生活支援施設	・病院
・軽費老人ホーム	・身体障害者更生施設	・児童養護施設	・診療所
・老人福祉センター	・身体障害者療護施設	・児童自立支援施設	・救護施設
・老人短期入所施設	・身体障害者授産施設	・児童家庭支援センター	・更生施設
・老人デイサービスセンター	・身体障害者生活支援事業	・児童自立生活援助事業	・授産施設
・老人介護支援センター	・身体障害者自立支援事業	・短期入所生活援助事業、夜間養護等事業	・宿所提供施設
・指定通所介護（基準該当を含む。）	・知的障害者更生相談所	・地域子育て支援事業	・福祉事務所
・指定介護予防通所介護（基準該当を含む。）	・知的障害者更生施設	・知的障害児施設	・婦人相談所
・指定短期入所生活介護（基準該当を含む。）	・知的障害者授産施設	・知的障害児通園施設	・婦人保護施設
・指定介護予防短期入所生活介護（基準該当を含む。）	・知的障害者福祉工場	・盲ろうあ児施設	・母子福祉センター
・指定通所リハビリテーション	・知的障害者通勤寮	・肢体不自由児施設	・隣保館
・指定介護予防通所リハビリテーション	・療育等支援事業	・情緒障害児短期治療施設	・地域福祉権利擁護事業
・指定短期入所療養介護	・地域障害者生活支援事業	・重症心身障害児施設	・市区町村社会福祉協議会
・指定介護予防短期入所療養介護	・のぞみの園	・児童デイサービス	・地方更生保護委員会
・指定認知症対応型通所介護	・精神保健福祉センター	・心身障害児総合通園センター	・保護観察所
・指定介護予防認知症対応型通所介護	・精神障害者生活訓練施設	・国立病院委託病床	・更生保護施設
・指定小規模多機能型居宅介護	・精神障害者授産施設	・重症心身障害児（者）通園事業	・労災特別介護施設
・指定介護予防小規模多機能型居宅介護	・精神障害者福祉工場		・地域福祉センター
・指定認知症対応型共同生活介護	・精神障害者地域生活支援センター		・ホームレス相談推進業務
・指定介護予防認知症対応型共同生活介護	・精神障害者退院促進支援事業		・ホームレス自立支援センター
・指定居宅介護支援	・相談支援事業		・家庭支援電話相談事業
・介護老人福祉施設	・障害者支援施設		
・介護老人保健施設	・生活介護		
・介護療養型医療施設	・自立訓練		
	・就労移行支援		
	・就労継続支援		
	・重度障害者等包括支援		
	・障害者デイサービス		
	・短期入所		

・地域包括支援センター ・生活支援ハウス ・有料老人ホーム ・指定特定施設入居者生活介護を行う適合高齢者専用賃貸住宅 ・地域密着型特定施設入居者生活介護を行う適合高齢者専用賃貸住宅 ・指定介護予防特定施設入居者生活介護を行う適合高齢者専用賃貸住宅 ・高齢者総合相談センター	・共同生活介護 ・共同生活援助 ・福祉ホーム ・地域活動支援センター ・日中一時支援事業 ・点字図書館 ・聴覚障害者情報提供施設 ・障害者110番		・ヴェトナム難民収容所 ・子供家庭相談事業 ・乳幼児健全育成相談事業 ・すこやかテレホン事業 ・知的障害者専門相談事業

表1-2 実習施設の範囲

高齢者関係施設	障害者関係施設	児童関係施設	その他
・老人デイサービスセンター ・老人短期入所施設 ・養護老人ホーム ・特別養護老人ホーム ・軽費老人ホーム ・老人福祉センター ・老人介護支援センター ・老人デイサービス事業 ・介護老人保健施設 ・地域包括支援センター	・相談支援事業 ・障害者支援施設 ・生活介護 ・自立訓練 ・就労移行支援 ・就労継続支援 ・重度障害者等包括支援 ・共同生活介護 ・共同生活援助 ・福祉ホーム ・地域活動支援センター ※上記については、主として身体障害者又は知的障害者に行うものに限る。 ・身体障害者更生相談所 ・身体障害者福祉センター ・旧身体障害者更生施設 ・旧身体障害者療護施設 ・旧身体障害者授産施設 ・知的障害者更生相談所 ・旧知的障害者更生施設 ・旧知的障害者授産施設 ・旧知的障害者通勤寮 ・のぞみの園 ・障害者デイサービス	・児童相談所 ・母子生活支援施設 ・児童養護施設 ・知的障害児施設 ・知的障害児通園施設 ・盲ろうあ児施設 ・肢体不自由児施設 ・重症心身障害児施設 ・情緒障害児短期治療施設 ・児童自立支援施設 ・指定医療機関 ・児童デイサービス	・病院・診療所 ・救護施設 ・更生施設 ・授産施設 ・福祉事務所 ・市区町村社会福祉協議会 ・婦人相談所 ・婦人保護施設 ・母子福祉センター

この定義では、福祉の増進のために社会の変革を進めることが最初に出てくる。そして、人々のエンパワーメントと解放を促すとある。エンパワーメントとは、環境的要因によって、人間が本来持っている強さ（ストレングス：strength）が発揮できなくなっている状況から発揮できる状況に変えることであり、その後に続く「解放」は、エンパワーメントができるようにするために劣悪な環境からの解放を示している。この背景には、人々のエンパワーメントを阻害する要因としての環境、つまり社会的環境や人的環境、文化的環境などへの批判的視点がある。

このように考えると、法的な枠組みのなかで規定される社会福祉サービス事業所での職務を行う社会福祉士という側面と、福祉の増進のために社会を変革し、人々のエンパワーメントを促進するソーシャルワーカーという側面があることがわかる。そして、このこと自体が、ソーシャルワーカーとしての社会福祉士という存在に内包されているということも理解されるであろう。

2. わが国の生活問題の現状とソーシャルワーク

戦後50年が過ぎ、わが国においては、社会構造が大きく変化している。その結果、従来とは異なる生活問題も増加してきている。

たとえば、次のようなものである。

(1) 不景気による倒産やリストラ、DV、家庭崩壊、児童虐待、高齢者虐待[3]。

(2) NHK特集「フリーター417万人の衝撃」では、次のようなことが示されている。フリーターの数はここ10年で2倍。労働人口の5人に1人がフリーターである。そして、この数字が減る兆しはないという。フリーターのうち70％は正社員になりたいのになれていない。フリーターの生涯賃金は正社員の4分の1。平均納税額は正社員の5分の1[4]。

(3) フリーターの他に、ニートも注目されている。ニートとは英国政府が労働政策上の人口の分類として定義した言葉で「Not in Education, Employment or Training」の略語。「非労働力人口のうち、年齢15〜34歳、通

学・家事もしていない者」であり、2004年「労働経済白書（労働経済の分析）」での定義（「年齢15～34歳、卒業者、未婚であって、家事・通学をしていない者」）に、①学籍はあるが、実際は学校に行っていない人、②既婚者で家事をしていない人が追加された。これにより推定数は2004年時点で64万人である。

　（4）　引きこもりや摂食障害も増加しており、大学にメンタルケアのための相談室が必要不可欠となっている[5]。

　（5）　犯罪被害者に対するケアの必要性が叫ばれ、犯罪被害者に対する心のケアのみならず、生活支援の必要性がいわれている[6]。

　（6）　自殺者数が8年連続で年3万人を突破していることを受け、政府は2015年度までに自殺者を2万5000人前後までに減らすことを目標にした総合対策を発表し、2006年6月21日に公布、同年10月28日に「自殺対策基本法」が施行されている。また、働き盛りの30代、40代の「うつ」についても、職場復帰との関係で注目が集まっている。予防に焦点をあてたEAP（Employee Assistance Program：従業員支援プログラム）が注目されていると同時に、心の病の後の無理のない職場復帰のためのプログラムも重要視されている[7]。

　（7）　国民全体に広がっているうつ病については、従来からいわれていたことだけにとどまらず、中学生の「うつ」が増加していることについて、厚生労働省研究班の調査結果では、中学生の4人に1人が「うつ状態」にあるという報告をしている[8]。

　（8）　これまで福祉サービスの対象として捉えられていなかった発達障害[9]を持つ子どもに対して、生活全般にわたる支援を行うための法律「発達障害者支援法」が2004年に制定されている。自閉症、アスペルガー症候群その他の広汎性発達障害、学習障害、注意欠陥多動性障害などの発達障害を持つ者の援助等について定めている。早期発見と早期支援ならびに保育・教育・放課後児童健全育成事業の利用・就労・地域生活といった乳幼児期から成人にいたるまでのあらゆる場面での支援や権利擁護・家族への支援が含まれる。

ここでは一部を紹介したが、他にも多くの問題があり、生活問題は多様になってきている。また、これらの問題を複数抱えている、いわゆる多問題家族（家庭）も多く、ソーシャルワーカーに求められる役割は大きいといえる。

　しかし、生活問題の質が大きく変化しているのに、ソーシャルワーカーである社会福祉士の養成に関しては、先に述べたように、社会福祉に関する基本的な法律である社会福祉六法を中心とした法制度を基礎としてきている。そのために、従来からの古い社会福祉の枠組みにおける生活問題をその対象の中心としており、基本的に貧困問題を対象としてきたといえる。

　このことにより、たとえば、社会福祉士の受験資格にかかわる相談業務経験としては、社会福祉六法を中心とした法律に規定されている施設等に限定している。そのため、DVのシェルター、フリースクール、外国人の子育て支援、犯罪被害者の会等の各種NPO法人、学校（小・中・高）、産業福祉を行う企業等は社会福祉士の職場として認められていない。また、社会福祉士の実習施設としても認められていない等、多くの問題を抱えているが、福祉制度の対象ではないために、積極的に社会福祉士が対応できないということがある。

　最近は、独立型社会福祉士事務所を開設して、組織の枠を超えたソーシャルワーク活動を志向している社会福祉士も増加してきている。しかし、その活動は、高齢者福祉における成年後見制度に関する業務や地域福祉権利擁護事業など、社会福祉に関する法律の枠に対応した事業が多く、現実の生活問題に十分対応できているわけではないといえよう。このため、社会的にも社会福祉士の認知度は低く、先にあげたような、「福祉の増進のために社会の変革を進めること」や「人々のエンパワーメントと解放を促す」ことがソーシャルワーカーとしての責務であるということはあまり理解されていない。

　むしろ、単なる福祉サービス利用の窓口で手続きをしてくれる人というふうに捉えられたり、ソーシャルワーカーではなく、介護を行う人、つまり「社会福祉＝介護のこと」と理解されていることが多い。

　ソーシャルワーカーとして求められることは幅広く、多岐にわたる。たとえば、人々の抱える問題を把握し、その解決のためにきちんとニーズを分析

する。そして、ニーズ充足のために社会福祉制度を活用しつつ、既存の社会福祉制度ではニーズ充足に対応できないような時には、利用者のエンパワーメントを図るために、インフォーマルな社会資源を積極的に活用する。また、社会福祉制度が十分機能しない時には、制度の改善や新設を行う。

しかし、現状では、さまざまな社会福祉に関する法律に規定されていないことはしない。つまり、用意されている社会福祉サービスを利用することのみの支援を行うにとどまってしまっていることが多い。また、新しい制度創設を志向しないという傾向は強く、法律の枠のなかでしか動けないという現状がある。

3. ソーシャルワーカー養成に関する現状とロールプレイの位置づけ

1) 社会福祉士に関するシラバス変更について

上記のような傾向のため、ソーシャルワーカー養成について問題があると考えられ、現状を打開するべく取り組みが行われている。

たとえば、「社会福祉士養成課程における教育内容の見直しについて」（2007年12月5日公布）[10]の「Ⅰ-① 新たな教育カリキュラム」において、社会福祉を取り巻く状況の変化に対応するために社会福祉士に求められる役割として、次のようなことが指摘されている。

（1）福祉課題を抱えた者からの相談に応じ、必要に応じてサービス利用を支援するなど、その解決を自ら支援する役割

（2）利用者がその有する能力に応じて、尊厳を持った自立生活を営むことができるよう、関係するさまざまな専門職や事業者、ボランティア等との連携を図り、自ら解決することのできない課題については当該担当者への橋渡しを行い、総合的かつ包括的に援助していく役割

（3）地域の福祉課題の把握や社会資源の調整・開発、ネットワークの形成を図るなど、地域福祉の増進に働きかける役割

また、社会福祉士の養成課程においては、これらの役割を国民の福祉ニー

ズに応じて適切に果たしていくことができるような知識および技術が身につけられるようにするために、次のことがいわれている。

（1）　福祉課題を抱えた者からの相談への対応や、これを受けて総合的かつ包括的にサービスを提供することの必要性、そのあり方等にかかわる専門的知識

（2）　虐待防止、就労支援、権利擁護、孤立防止、生きがい創出、健康維持等の関連サービスにかかわる基礎的知識

　この他、2006年6月3日に社団法人日本社会福祉士養成校協会から出された「今後の社会福祉士養成教育のあり方について」（提案）において、次のような内容が示されている。

○この社会福祉士に関する法的定義を今日的状況において解釈するならば、「社会福祉士とは、福祉に関する専門的知識と技術をもって、何らかの社会的支援を必要とする者の相談に応じ、その者と社会環境との交互作用関係を的確にアセスメントし、必要となる支援の計画に基づきながら、その者が自らの能力を最大限に活用して自立した日常生活を営むことができるように、その者のエンパワーメントを図るとともに、その者が必要とする社会資源の調整や開発をはじめとする社会的な支援を行う者。」として捉えることができよう。

○社会福祉士等法設立当時の社会福祉事業法は、社会福祉を「援護、育成又は更生の措置を要する者」を対象として「正常な社会人として生活できるよう援助すること」としており、社会福祉士制度も措置制度を前提とした相談援助を想定していた。しかし、平成2年の社会福祉関係8法改正、平成12年の社会福祉基礎構造改革を通じて、社会福祉の理念は発展し、今日では福祉の対象を普遍的に捉えるとともに「保護・指導」するものから、利用者本位の理念に基づき「支援・援助」するものへと変わってきている。

○特に、近年の高齢者介護・障害者福祉分野では、介護保険法の施行・改正、支援費制度の施行、障害者自立支援法の制定などによって、その

パラダイムも大きく転換し、措置を中心とした社会福祉制度から、自立と尊厳を基調とした契約による利用者本位の福祉サービスが提供されるようになった。また、社会福祉事業も従来の施設中心によるものから、地域生活を基盤とした在宅重視の福祉サービスが提供される時代となり、社会福祉士には、地域生活を支援するためのケアマネジメントや権利擁護などの機能を軸とした支援方法が求められている。
○このような状況の中で、社会福祉士は、利用者の多様なニーズを把握しつつ、社会資源と利用者との双方に働きかけ、社会資源に対しては、資源間での連携や調整を図るとともに、必要に応じて新たな資源を開発したり、利用者の苦情解決や権利擁護等を行うために資源に働きかけるといった機能を果たす必要がある。

他方、利用者に対しては、利用者自身の能力や意欲を高めるための専門的な知識と技術に基づく支援を行うとともに、必要となるサービスを効果的・効率的に提供するための事業や施策を立案・計画化して実施することで利用者の自立した日常生活を直接的・間接的に支援していくことも社会福祉士の重要な業務の一つになってきているといえよう。

今後の社会福祉士に期待される業務は、多様な社会サービス間の調整（コーディネーター）を通じて、利用者の持つ課題の解決を図るという業務を中心に、直接的なサービス提供から社会福祉にかかわるプログラムや施設・機関の管理運営までを含む広範な内容を持つものとして捉えることができる。

このようなことから考えると、社会福祉士養成校における教育のなかで、卒業するまでに相談支援方法や実践能力を十分に身につけることができず、養成教育全体が社会のニーズに十分に応えきれていないことが問題となるということをあげることができよう。

2) シラバスにおける社会福祉援助技術演習

養成教育プログラムに関して、社会福祉援助技術演習については、次のようなことが示されている。

【ねらい】

　相談援助の知識と技術に係る他の科目との関連性も視野に入れつつ、社会福祉士に求められる相談援助に係る知識と技術について、次に掲げる方法を用いて、実践的に習得するとともに、専門的援助技術として概念化し、理論化し、体系立てていくことができる能力を涵養する。

　①総合的かつ包括的な援助および地域福祉の基盤整備と開発に係る具体的な相談援助事例を体系的にとりあげること。

　②個別指導並びに集団指導を通して、具体的な援助場面を想定した実技指導（ロールプレイング等）を中心とする演習形態により行うこと。

【含められるべき事項】

1）　以下の内容については相談援助実習を行う前に学習を開始し、十分な学習をしておくこと

　ア　自己覚知

　イ　基本的なコミュニケーション技術の習得

　ウ　基本的な面接技術の習得

　エ　次に掲げる具体的な課題別の相談援助事例（集団に対する相談援助事例を含む）を活用し、総合的かつ包括的な援助について実践的に習得すること。

　　　◇社会的排除

　　　◇虐待（児童・高齢者）

　　　◇家庭内暴力（DV）

　　　◇低所得者

　　　◇ホームレス

　　　◇その他の危機状態にある相談援助事例（権利擁護活動を含む）

　オ　エに掲げる事例を題材として、次に掲げる具体的な相談援助場面および相談援助の過程を想定した実技指導を行うこと。

　　　◇インテーク

　　　◇アセスメント

　　　◇プランニング

　　　　◇支援の実施
　　　　◇モニタリング
　　　　◇効果測定
　　　　◇終結、アフターケア
　　カ　オの実技指導にあたっては、次に掲げる内容を含めること。
　　　　◇アウトリーチ
　　　　◇チームアプローチ
　　　　◇ネットワーキング
　　　　◇社会資源の活用・調整・開発
　　キ　地域福祉の基盤整備と開発に係る事例を活用し、次に掲げる事項について実技指導を行うこと。
　　　　◇地域住民に対するアウトリーチとニーズ把握
　　　　◇地域福祉の計画
　　　　◇ネットワーキング
　　　　◇社会資源の活用・調整・開発
　　　　◇サービスの評価
2）相談援助実習後に行うこと
　相談援助に係る知識と技術について個別的な体験を一般化し、実践的な知識と技術として習得できるように、相談援助実習における学生の個別的な体験も視野に入れつつ、集団指導並びに個別指導による実技指導を行うこと。

　上記のように、今回のシラバス改定においては、従来よりも実践的なソーシャルワーク実践が行われるように、具体的な教育内容が明記されている。特に、相談援助業務に必要不可欠である基本的なこととして、ア　自己覚知、イ　基本的なコミュニケーション技術の習得、ウ　基本的な面接技術の習得が示されている。さらに、より実践的な場面での事例を活用して学ぶことや、インテークから終結、アフターケアにいたる援助プロセスの展開過程を通した学びも含まれている。その他、アウトリーチやチームアプローチなど、実践現場で課題とされるような状況や地域ベースでの実践や社会福祉士として

求められる社会資源の調整・開発についても事例を活用した学びを行うこととなっている。

3）ロールプレイの位置づけ

このように、求められるソーシャルワーカー像を想定しているが、【ねらい】の②に、「個別指導並びに集団指導を通して、具体的な援助場面を想定した実技指導（ロールプレイング等）を中心とする演習形態により行うこと」ということは書かれているものの、具体的な内容・方法・手順等については特に示されているわけではない。このため、これらについては、今後の課題となっている状況である。

そこで、2007年11月に「日本社会福祉教育学会第3回大会」において、このような状況をどう捉え、取り組んでいくのかということに関する筆者が行った報告について紹介する。それは、理論学習をふまえ、その後の実習を視野に入れた演習のあり方に関する内容であり、学生の主体的な学び、生活問題を実感できるために必要なこととして、「円環的な学び」を示すものである。

(1) 円環的な学び

円環的な学びとは、ソーシャルワークに関する理論を、より現実的に理解するために、理論をふまえた演習を行い、演習をふまえて実習に望むということに加え、演習や実習での学びを振り返るために、理論に立ち戻ったり、演習を再度行ったりすることで、学びを深めるということである（図1-1）。そこでのプロセスは、次のようなものである。

①理論を学ぶ
②理論を模擬的に体験する（実習前の演習）
③実践現場で現任者が行っている実践の追加体験を行う（実習）
④実際に、自らが実践を行う（実習）
⑤経験をふまえ、理論との関係を考察する（実習終了後の演習）
⑥実践がどのような形で行われているのか、基本型との差異を考える（演習）

⑦可能であれば、実習後の演習をふまえ、再度実習にいき、実践を行う
※円環的学びのプロセスが望ましい
⑧実践が理論とどのような関係にあるのかを再度確認する
※このようなことをふまえ、演習では何を目標にするのかを明確にして、授業計画を立てる必要がある

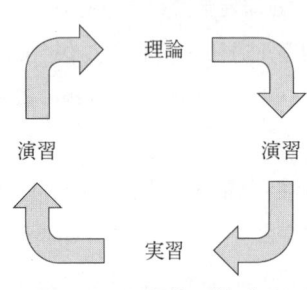

図1-1　円環的な学び(1)

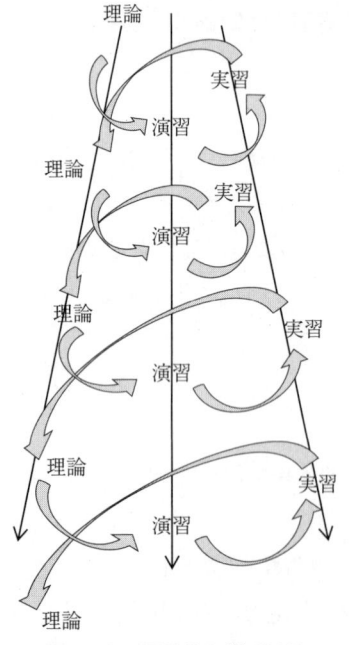

図1-2　円環的な学び(2)

　その際に、円環的な学びではあるが、相互に行き来をした学びのプロセスがあることの重要性が示された。このことをふまえ、図にしたものが図1-2である。

　実際、理論として学んだことを、演習で模擬的に行ってみることや、そこでの体験をふまえて、理論についてグループワークを通じて話し合う。そして、理論を確認する。また、実習では、自らの経験を通して、実際に行われている実践に生かされている理論を確認したり、それを自分が行う際の注意点や問題や工夫するべき点等について、試行錯誤を繰り返しながら、その体験の振り返りを通して再確認していく。

　実習が終了してからも、実習で行ったことを再度ロールプレイで再現し、その事実を他者に伝え、学びを深めていく。また、理論と照合することにより、実際の体験を単なる体験にとどめず、自らが実際に行うことができる技術に高め、深めていく。

(2) ソーシャルワーク実習との連続性

　社会福祉士援助実習はソーシャルワーク実習と位置づけたうえで、実際のソーシャルワークのプロセスをふまえたケースワーク（個別支援）やグループワーク、コミュニティワークについて学ぶことが重要である。実習生が実際に担当することは無理にしても、事例を追体験したり、模擬的・試験的に支援のプロセスを行ったりすることは可能である。そして、先の目標が実現できるような「演習」を行う必要がある。

　また、実際に先にあげたような実習を行うためには、前提として、利用者との関係性の形成が基礎としてある。利用者との関係性を抜きにした実践はあり得ないし、利用者との関係性をつくりつつ、実習として触れたり、行ったりする支援・援助の内容について知っていること、説明できること、基本型をやったことがあること、等が求められる。

　その際に、学生自らが主体的に考えることが重要である。実習では、演習で学んだ基本型がどのような形で実践されているのか、応用型とはどのようなことなのか、それはどのように行われているのかなどについて、体験をふまえて理解することが重要となる。さらに、実際に支援をやってみて、基本型と異なることは何かを確認する。また、必要な支援・援助を行うために、基本型とどこが違うのかについて考え、どうすれば実現できるのかについて考え、工夫について考え、知ることが求められる。

(3) ロールプレイを使った演習の内容と具体例

　求められる演習の内容としては、次のような内容が盛り込まれる必要がある。

　①実際のソーシャルワーク実践について、事例を通して知る

　＊事例を通して、まずは実践がどのような形で行われているのかを理解することが必要。

　＊一般的に出会う事例を読むことによって、すでに習った理論がどのような形で実践されているのかを時系列的に理解することが求められる（事例検討）。

　②実際のソーシャルワーク実践を追体験する

＊ソーシャルワーカーがどのような実践をしているのかについて、追体験することによって、理解することが必要（実践の追体験、モデリング）。
＊面接を行うのであれば、実際に面接を行う。ここでいう面接とは、生活場面面接を含む。
＊演習では、授業時間内という制限があるので、限界を意識したうえでの工夫が必要。模擬的な面接場面を教室でロールプレイを通して行う。
＊時には、現場（職員と当事者）の理解を得て、教室内でデモンストレーションをしてもらうなどの授業形態の検討が必要。
③ロールプレイを通した学習
＊実際に現場で行うことと同じことについて、演習を通じて体験する。
＊その時に何を考えるのか、何に注意するのか等をチェックする。
＊ソーシャルワークプロセスの疑似体験を行う。
　ソーシャルワークプロセスのうち、アセスメント、プランニングを実際に行う。
＊さまざまなツールを実際に使ってみる。

そして、具体的な演習の例としては、次のようなものがある。
【ロールプレイ演習】
①援助場面にいたるまでの状況について、情報を収集して、その状況を演じる。
＊たとえば、児童虐待の事例について、児童虐待にいたる個人的側面、状況的側面、環境的（社会的）側面等について、きちんと調べる。
＊わからない部分については、グループで話し合ったりする。
②児童虐待の支援を行っている実践現場に出向き、情報を収集する。
＊実践現場で集めた情報をもとに、援助場面についてロールプレイを行う。
③ソーシャルワークの対象となる問題のみならず、問題が発生・継続する状況について、先にあげた個人的側面、状況的側面、環境的側面から考えてプレゼンテーションする。

【援助プロセスに関する演習（一部ロールプレイを含む）】
　①援助プロセスに関して、ケアマネジメントを例にあげてロールプレイを行う。
　②疑似ケースを提示し、自分たちでケースについて考え、事例をつくる。
　③本人や家族はどのようなことで困っているのか、悩んでいるのかを想定する。
　④社会資源を調べる（単に法的なことだけではなく、その地域の実情や実際の内容も調べる）。
　⑤事例に関して、クライエント役、家族役、援助者役などを設定して演じる。
　⑥面接技法等を意識して、実際に話を聞く。
　⑦かかわりのなかで得た情報をもとにアセスメントを行う。
　⑧アセスメントツール（ジェノグラム、エコマップ等）を使う。
　⑨本人の意向を確認するロールプレイを行い支援・援助計画を一緒に立てる。

4）今後の課題

　このように、実際のソーシャルワーク実践を視野に入れた学びを行う時に、ロールプレイを活用することは必要不可欠である。しかし、その方法や手順等については、まだまだ確立されておらず、次のような課題もある。
(1)　演習、実習、講義との連携のあり方を検討する必要性
　演習は、講義と実習がよりスムースにつながるために必要不可欠な科目である。抽象的な理論が、実際の場面でどのように使われるのかをイメージすることが重要である。たとえば、筆者が行っている演習では、学生が関心を持ち演習に取り組めるように、新聞記事や週刊誌の事例を使うことによってイメージをクリアにし、そのうえでアセスメント票を使ってソーシャルワークのプロセスを考え、アセスメントを行ったりする。また、実践現場に取材に出向き、ソーシャルワーカーから実際の事例を聞いたりする。このように、学生自らが、ソーシャルワークの実践に触れることによって、自分が

行うべきソーシャルワークのプロセスを実感できるのである。

　また、このような演習内容は、実際に実習に出た時に出会う事例を理解するための練習になり、実習で初めて直面し、考えるということにならないための手だてとなる。そして、実践を通じて、理論の重要性を実感できるようになることにつながる。

(2)　円環的な学びとその効果の実証

　円環的な学びが、効果的に行われるには、先にあげたことを意識し、授業の流れを考え、授業間の順番や時期等を考えることが求められる。また、円環的な学びによって、学生にどのような学びの効果があるのかについても、アンケートや聞き取り調査によって確認する必要がある。

　これらのことが明らかになることが、より充実した実習教育全体の構造の確立につながると考えられる。

(3)　演習へのロールプレイ導入に向けた訓練方法・研修方法の検討

　ロールプレイの導入に関しては、教員自身が実際にロールプレイを導入しつつ、体験的に学ぶ必要がある。学生の基礎的な学びと理解がどの程度あるのかについても確認し、学生の理解を確認しながらロールプレイを行う必要がある。

　したがって、このためのロールプレイを導入する授業展開について、できれば半期の授業を通して体験的に学ぶことができるようなスーパービジョン体制をつくる必要がある。このことについても、未だ日本では体系的なロールプレイのスーパービジョンはなく、今後ますますその重要性が増すといえよう。

(4)　学びのプロセス全体と順番、間隔、回数、方法に関する統一的な蓄積の重要性

　学びのプロセス等に関しては、一定のロールプレイのスーパービジョンを受けた後、数年にわたる実践が必要となる。そして、実際に授業を展開しつつ、どのようなことに気をつければよいのかについても蓄積が必要である。

　特に、授業をどのように構成し、どのような順番で行うのかということが重要である。どうすれば、より効果的な授業展開ができるのかということを

明らかにするには蓄積が必要である。

≪注≫
1) 改正前の法では、このように規定されている。2007年12月に法改正があったが、児童養護施設における保育士について、当該施設が行うサービスの内容として生活指導や職業指導等にかかわる相談援助業務が制度的に位置づけられていることから、実務経験に認めることとされた。また、実習施設に関しては、精神障害者関係施設や更生保護施設、一定の条件を満たす独立型社会福祉士事務所を認めるよう見直しが行われている。
2) この定義には、「ソーシャルワーク専門職のこの国際的な定義は、1982年に採択されたIFSW定義に代わるものである。21世紀のソーシャルワークは、動的で発展的であり、従って、どんな定義によっても、余すところなくすべてを言いつくすことはできないといってよいであろう」という注がある。
3) 2007年1月19日朝日新聞朝刊に「生活保護世帯急増・DV・虐待…広がる領域　ケースワーカー苦悩」という記事がある。
4) 2004年3月7日放送。
5) 2007年1月10日本経済新聞に、「引きこもりや摂食障害　学内に心のケア施設」という記事がある。この記事では、1990年代から急増しているという。
6) 2007年5月20日本経済新聞に、「犯罪被害者　4割『支援受けられず』　内閣府調査国民の認識とズレ』」がある。
7) 2006年12月2日の朝日新聞では、「心の病　休職後『リハビリ出勤　心も体もゆっくり復職』」という記事がある。厚生労働省が積極的に復職支援を行っていくために事業者に対して啓発を行っている。また、「障害者職業センター」での復職プログラムでも、職場の理解を得てリハビリ出勤を導入している。
8) 2007年6月4日アエラでは、「増す深刻さ　中学生4人に1人『うつ状態』」という特集記事が組まれている。
9) 発達障害（Developmental Disorders, Developmental Disabilities）は、乳児期から幼児期にかけてさまざまな原因が影響し、発達の遅れや質的な歪み、機能獲得の困難さが生じる心身の障害のこと。
10) 2007年11月28日に「社会福祉士及び介護福祉士法」等の一部を改正する法律（平成19年法律第125号）が成立し、同12月5日に公布された。これを受け、社会福祉士養成教育に関する内容の検討作業が本格化している。

2章
わが国のソーシャルワーカー養成課程のなかのロールプレイ

（長崎和則）

　本章では、ソーシャルワーカー養成に関する教育内容におけるロールプレイの位置づけについて紹介する。日本におけるソーシャルワーカー養成教育は社会福祉士と精神保健福祉士の養成のことであると捉え、社会福祉士および精神保健福祉士を養成している大学のシラバスを分析した。なおデータは江口邦和が2006年に調査したものである。

1．ソーシャルワーカー養成にかかわるシラバス分析

　今回のソーシャルワーカー養成にかかわるシラバスの分析に関して、調査対象の大学のうち、社団法人日本社会福祉教育学校連盟会員校（以下、学校連盟）（2005年3月13日現在）および2004年に社会福祉士国家試験合格者を1名以上出している大学とした。学校連盟会員校には、大学の他、専門学校・短大・通信制大学・大学院があるが、ここでは除いた。その結果、調査対象は、162大学となった。

　調査項目と結果については、表2-1のとおりである。

表2-1　ソーシャルワーカー養成にかかわるシラバス内容

調査項目	結果
(1) ホームページにシラバスが載っているかどうか（学内のみ閲覧可能は除く）[N=162]注：一部しか載っていない大学や2004年度のシラバスを掲載している大学がある。	①あり　56（35%） ②なし　91（56%） ③NA　15（9%）
(2) 受験資格が得られるソーシャルワーカーの国家資格について。[N=162]	①社会福祉士のみ　54（33%）（うち16校は、シラバスあり） ②社会福祉士・精神保健福祉士　106（66%）（うち39校は、シラバスあり） ③精神保健福祉士のみ　2（1%）（うち1校は、シラバスあり）
(3)「ロールプレイ」というキーワードで、検索が行えるかどうか（一つひとつの科目を見ていかなくても）。シラバスあるいは、ホームページ内検索、グーグル（Google）でホームページ内検索ができるかどうか [N=56]	①キーワード検索できる　36（64%） ②キーワード検索できない　20（36%）
(4) 社会福祉士の資格要件科目「社会福祉援助技術演習」のなかに「ロールプレイ」ということばがあるかどうか [N=56]	①あり　47（84%） ②なし　6（11%） ③不明　3（5%）
(5) 同上科目の中に「体験学習」ということばがあるかどうか [N=56]	①あり　7（13%） ②なし　46（82%） ③不明　3（5%）
(6) 同上科目のなかに「役割演技」ということばがあるかどうか [N=56]	①あり　1（2%） ②なし　52（93%） ③不明　3（5%）
(7) 同上科目のなかに「対話形式」ということばがあるかどうか [N=56]	①あり　1（2%） ②なし　52（93%） ③不明　3（5%）
(8) 同上科目のなかに「コミュニケーション」ということばがあるかどうか [N=56]	①あり　36（64%） ②なし　17（31%） ③不明　3（5%）
(9) 同上科目のなかに「グループワーク」ということばがあるかどうか [N=56]	①あり　25（45%） ②なし　28（50%） ③不明　3（5%）
(10) 同上科目のなかに「サイコドラマ（心理劇）」ということばがあるかどうか [N=56]	①あり　4（7%） ②なし　49（88%） ③不明　3（5%）
(11) その他の社会福祉士の資格要件科目のなかに「ロ	①社会福祉援助技術各論　6

	ールプレイ」ということばがあるかどうか［N=55］重複あり（%は、N=58で計算）	（11%） ②社会福祉援助技術現場実習指導　7（12%） ③社会福祉援助技術現場実習　4（7%） ④その他　2（3%） ⑤なし　39（67%）
(12)	精神保健福祉士の資格要件科目「精神保健福祉援助技術演習」のなかに「ロールプレイ」ということばがあるかどうか［N=40］	①あり　28（70%） ②なし　8（20%） ③不明　4（10%）
(13)	同上科目のなかに「体験学習」ということばがあるかどうか［N=40］	①あり　2（5%） ②なし　34（85%） ③不明　4（10%）
(14)	同上科目のなかに「役割演技」ということばがあるかどうか［N=40］	①あり　0（0%） ②なし　36（90%） ③不明　4（10%）
(15)	同上科目のなかに「対話形式」ということばがあるかどうか［N=40］	①あり　0（0%） ②なし　36（90%） ③不明　4（10%）
(16)	同上科目のなかに「コミュニケーション」ということばがあるかどうか［N=40］	①あり　5（12%） ②なし　31（78%） ③不明　4（10%）
(17)	同上科目のなかに「グループワーク」ということばがあるかどうか［N=40］	①あり　14（35%） ②なし　22（55%） ③不明　4（10%）
(18)	同上科目のなかに「サイコドラマ（心理劇）」ということばがあるかどうか［N=40］	①あり　1（2%） ②なし　35（88%） ③不明　4（10%）
(19)	その他の精神保健福祉士の資格要件科目のなかに「ロールプレイ」ということばがあるかどうか［N=40］（%は、N=41で計算）	①精神保健福祉援助技術各論　4（10%） ②精神保健福祉援助実習　6（15%） ③その他　1（2%） ④なし　30（73%）
(20)	上記以外の関連科目のなかに「ロールプレイ」ということばがあるかどうか（基礎ゼミ、専門ゼミなど）重複回答あり［N=56］（%については、N=66で計算）	①基礎ゼミ　3（4%） ②専門ゼミ　6（9%） ③心理関係　17（26%） ④その他　25（38%） ⑤なし　15（23%）
(21)	社会福祉士の資格要件科目「社会福祉援助技術演習」のなかに「技術指導」ということばがあるかどうか［N=56］	①あり　19（34%） ②なし　34（61%） ③不明　3（5%）

2. 分析結果

以下、番号は調査項目に対応している。
【全体】
(1) 調査対象に関しては、近年情報公開が進み、多くの大学がシラバスをインターネットウェブ上に公開している。シラバスについても公開されていることが多く、その内容も従来の冊子と同様の内容が公開されるようになっている。このため、大学のホームページを調査資料とした。

(2) 今回、ソーシャルワーカーとして、社会福祉士および精神保健福祉士とした。106校（66％）の大学が社会福祉士と精神保健福祉士の両方の資格取得に対応している。

このうち、シラバスを公開している大学は、社会福祉士のみの養成校が16校（10％）、社会福祉士と精神保健福祉士の両資格の養成校が39校（24％）、精神保健福祉士のみの養成校が1校（0.6％）である。シラバスをホームページに公開している大学の総数は56校であり、全体の35％であった。全体の35％の情報での分析のため、信頼性については限界があるが、一定の傾向は把握できると考えた。

(3) シラバスを「ロールプレイ」というキーワードで検索をすると、「ロールプレイ」で検索できる大学は36校（64％）、検索できない大学は20校（36％）であった。

【社会福祉士養成シラバス】
(4) 授業科目「社会福祉援助技術演習」シラバスのなかに「ロールプレイ」ということばがあるかどうかであるが、ある大学が47校（84％）、ない大学が6校（11％）、不明が3校（5％）であった。1章で触れたとおり、社会福祉士養成カリキュラムのうち「社会福祉援助技術演習」のなかに、「ロールプレイ」を活用することが示されているにもかかわらず、84％にすぎない。

(3)との違いが気になるところであるが、(3)は単に検索ができるかどうかである。よって、(3)よりもこの項目のほうが、信頼性が高いと思われる。

(5)(6)(7)であるが、(4)と同様に「社会福祉援助技術演習」シラバスのなかに、それぞれ、「体験学習」「役割演技」「対話形式」ということばがあるかどうかを調べている。「体験学習」については、「なし」が46校(82%)とやや少ないものの、「役割演技」「対話形式」に関しては、それぞれ「なし」が90%以上となっている。

　これは、ロールプレイや「演じる」ということをほとんど意識していないということであると推測できる。

　(8) この調査項目は、「社会福祉援助技術演習」シラバスに、「コミュニケーション」ということばがあるかどうかに関するものであるが、先の(5)(6)(7)と比べて、「あり」が36校(64%)となっており、コミュニケーションに関しては、意識されていることがわかる。ただし、コミュニケーションに関して、具体的にどのような内容に関することがあるのかについてはわからない。

　(9)「グループワーク」が「社会福祉援助技術演習」シラバスにあるかどうかに関する項目である。「あり」が25校(45%)、「なし」が28校(50%)、「不明」が3校(5%)となっている。この結果がグループワークを行っているかどうかを示すものであるかは不明であるが、一般的に援助技術演習で活用が望まれるグループワークがシラバスにないことは、ちょっとした驚きである。

　(10) この項目は、「社会福祉援助技術演習」シラバスに「サイコドラマ（心理劇）」ということばがあるかどうかに関するものである。「あり」が4校(7%)、「なし」が49校(88%)、「不明」が3校(5%)であった。

　私見であるが、社会福祉系の教員のなかには、ソーシャルワーカーはカウンセラーやセラピストではないという認識を持っている教員もおり、「サイコドラマ」に関して拒否感があるのかもしれない。

　(11)「社会福祉援助技術演習」以外の社会福祉士の資格要件科目のなかに「ロールプレイ」ということばがあるかどうかに関する項目である。

　「社会福祉援助技術各論」6校(11%)、「社会福祉援助技術現場実習指導」7校(12%)、「社会福祉援助技術現場実習」4校(7%)である。それぞれ約1

割程度と少ないことがわかる。

【精神保健福祉士養成シラバス】

(12)「精神保健福祉援助演習」のなかに「ロールプレイ」ということばがあるかどうかに関する項目である。「あり」が28校(70%)、「なし」が8校(20%)、「不明」が4校(10%)である。先の「社会福祉援助技術演習」と比べて、「あり」が14%少ない。しかし、実数では、ない大学は「社会福祉」6校、「精神保健福祉」8校と大きな差はない。

(13)(14)(15)であるが、「精神保健福祉援助技術演習」シラバスのなかに、それぞれ「体験学習」「役割演技」「対話形式」ということばがあるかどうかを調べている。

「なし」に関していうと、「体験学習」34校(85%)、「役割演技」36校(90%)、「対話形式」36校(90%)と、ほぼ同様の結果となっている。

(16)この調査項目は、「精神保健福祉援助演習」シラバスに「コミュニケーション」ということばがあるかどうかに関するものであるが、先の「社会福祉援助技術演習」と大きく違い、(13)(14)(15)と比べてもほぼ同様で「なし」が31校(78%)となっている。コミュニケーションに関してどのような意識があるのか気になるところである。

(17)「グループワーク」ということばが「精神保健福祉援助演習」シラバスにあるかどうかに関する項目である。「あり」が14校(35%)、「なし」が22校(55%)、「不明」が4校(10%)である。先の「社会福祉援助技術演習」と比べて、「あり」は10%少ない。しかし、実数でいうと「なし」が22校であり、ない大学は大きな違いがない。それにしても「グループワーク」ということばがシラバスにないことは、改めて注目に値すると思われる。

(18)この項目は、「精神保健福祉援助演習」シラバスに「サイコドラマ」ということばがあるかどうかに関するものである。「あり」が1校(2%)、「なし」が35校(88%)、「不明」が4校(10%)であった。社会福祉士養成シラバスと同様の結果となっている。

(19)「精神保健福祉援助演習」以外の精神保健福祉士の資格要件科目のなかに「ロールプレイ」ということばがあるかどうかに関する項目である。

「精神保健福祉援助技術各論」4校（10％）、「精神保健福祉援助実習」6校（15％）である。これも社会福祉士シラバスと同様、それぞれ約1割程度と少ない。

（20）それぞれの援助技術関係科目以外の科目のなかに「ロールプレイ」ということばがあるかどうかに関する項目である。「基礎ゼミ」3校（4％）、「専門ゼミ」6校（9％）、「心理関係」17校（26％）、「その他」25校（38％）、「なし」15校（23％）である。

この結果から読み取れることは、心理関係科目やその他の科目で約30％の割合で「ロールプレイ」ということばが使われているということであり、おそらく心理学系の科目で使われていることが推測できる。

（21）この項目は、「社会福祉援助技術演習」のなかに「技術指導」ということばがあるかどうかに関する項目である。「あり」19校（34％）、「なし」34校（61％）、「不明」3校（5％）である。「あり」が34％であり、「指導」ということばが結構使われているということがわかる。このことばは、社会福祉援助（特に法律用語）に長く使われてきたことばであることが影響しているのではないかと推測できる。

3. 考　察

全体を通して、実際場面をより現実的にシミュレートし、擬似的な体験ができると思われる「ロールプレイ」に関しては、一定の認知がされ、シラバスにも書かれていることがわかる。しかし、「ロールプレイ」より心理的な傾向が強い「サイコドラマ」や「役割演技」「対話形式」などのことばは使われていないという傾向があることがわかった。

これに比べ、「体験学習」や「グループワーク」に関してはまだ少ない割合ではあるが、使われている。また、従来の福祉業界用語としての「技術指導」ということばも使われていることがわかる。

これらのことから、「ロールプレイ」に関して、次のようなことがいえるのではないだろうか。

（1）「ロールプレイ」という用語は知られているが、具体的な活用方法については、まだ十分浸透していない。そのために、授業内容を示すシラバスに「ロールプレイ」ということばは、あまり使われていない。

（2）実践場面をより実感をもって疑似体験するための方法として、「サイコドラマ」等があるが、心理学的な傾向が強く、「社会福祉援助技術演習」や「精神保健福祉援助演習」においてはほとんど活用されていない。

（3）「グループワーク」に関して、それぞれの援助技術演習科目シラバスにことばが使われていない。このことから、グループワークについても、それほど活用されていないことが想像できる。

したがって、ソーシャルワーカー養成を行う際に、より現実的な場面に近い形での「ロールプレイ」等を活用することはできていないのではないだろうか。

このことを考えると、「ロールプレイ」を活用するための授業内容、方法、手順、評価等については、まだまだ緒に就いたところであり、早急な対策が必要であることもいえるであろう。

3章

米国のソーシャルワーカー養成課程における
ロールプレイの展開について

(佐藤量子)

1．はじめに

　本章では、米国のソーシャルワークプログラムの導入過程における、ロールプレイの展開過程についてインターネットを用いて調査し、ソーシャルワーカー養成課程におけるロールプレイの意義について考察することを目的とする。

　ロールプレイは、福祉や心理領域における援助者養成の場面から新入社員の研修などで行われる人材養成の場面など、さまざまな領域で展開されている。社会福祉士、精神保健福祉士、臨床心理士などの援助者養成課程においてロールプレイは必須の学習場面である。ロールプレイは対人援助における技術を学び、被援助者の理解を深める機会となりうるだけでなく援助者の自己覚知に役立つものでもある。

　河合 (2005) は、「カウンセラーとして態度をどう磨くかといことについて一番よくなされるのがロールプレイであり、有効な方法である」と述べている。また島谷・台 (1998) らの研究では、ロールプレイへの参加を通して多くの参加者が「対人理解度が増加するとともに自己へまなざしが向き、気づきが深まった」と報告している。また、中山 (2004a) は、「社会福祉専攻学生の個人的目標の達成に役立つもの—アメリカの社会福祉修士課程の学生に関する研究—」のなかで、米国の社会福祉修士課程で学ぶ学生に対して自由回答質問調査を行っている。学生の個人的目標の達成には、授業や実習に関

するものが多く見られ、授業において課されるロールプレイの重要性が学生から指摘されているという結果を得ている。つまりロールプレイは、対人援助職を志す者または対人援助職に就いている者にとって、援助者としての自己を成長させる機会、自己の目標を達成する機会になりうる可能性を示唆している。

そこで、米国のソーシャルワーカー養成課程においてロールプレイがどのように展開されているかを調査し、ロールプレイの意義について論じたい。進行は、①米国におけるソーシャルワーカー養成システムの報告、②米国におけるソーシャルワーク認定校439大学において、ロールプレイがどのように展開されているのかをインターネットから情報を収集し、③ソーシャルワーカー養成課程におけるロールプレイの意義について考察する。

2．米国のシステム

米国でソーシャルワーカーとして働くためには、ソーシャルワークにおいて学位を持っていることが法的に定められている。ソーシャルワーカーの資格を取得するためには、CSWE（Council on Social Work Education）に認可された大学もしくは大学院を卒業していなければならない。CSWEは、ソーシャルワーク教育の質の向上と維持を目的とした機関であり米国のソーシャルワーク教育を統制している。CSWEに認可されているソーシャルワークプログラムならば、一定の基準を満たしているプログラムということになる。CSWEが認可しているBSW（ソーシャルワーク学士）のプログラムは、2007年現在、全米で439校ある（http://www.cswe.org/CSWE/）。

また、ソーシャルワーカーの資格は教育レベルと実践年数により細かく分けられている。ソーシャルワーカーの資格や称号は州によって違うが、ほとんどの州でCSWEが認可したソーシャルワークプログラムにおいて大学あるいは大学院を卒業していることをソーシャルワーカー資格取得の条件としている。BSWでは職務領域が限られているため、ソーシャルワーカーの多くが数年の現場経験の後にMSW（ソーシャルワーク修士）取得のために大学に

戻るパターンが多い。したがって、BSW のコースよりも MSW のコースのほうが多いというのが米国での特徴である。ソーシャルワーカーとして働くためには、常に学び続けることが要求され、また、学び続けることのできるシステムが確立されている。

　NASW（The National Association of Social Workers：全米ソーシャルワーカー協会）のテキサス支部のウェブサイトでは、ソーシャルワーカーの資格は、LBSW（Licensed Baccalaureate Social Worker）、LMSW（Licensed Master Social Worker）、LCSW（Licensed Clinical Social Worker）、LMSW-AP（Advanced Practitioner）に分けられており、それぞれの資格で教育レベルや経験年数などが異なる（Texas State Board of Social Worker Examiners：http://www.dshs.state.tx.us/socialwork/）。

　さらに米国では、ソーシャルワーカーがさまざまな分野で活躍しており、その領域は細分化されている。これは医療などの分野でもいえることで、各臓器の専門医、体の部位によって異なる皮膚の専門医など非常に細かく分けられており、各領域において高い専門性が確立されている。NASW は、ソーシャルワーカーの職務領域を①薬物乱用、常用　②老化・老年学　③児童福祉　④公共福祉　⑤学校ソーシャルワーク　⑥司法・更生　⑦発達障害　⑧雇用・職業ソーシャルワーク　⑨健康管理　⑩メンタルヘルス・クリニカルソーシャルワーク　⑪コミュニティ組織　⑫国際ソーシャルワーク　⑬管理・運営　⑭政策と立案　⑮政治　⑯研究、としている（http://www.naswdc.org/）。

3．認定校でのカリキュラム

　CSWE は認定プログラムの基準として、カリキュラムの内容（Foundation Curriculum Content）を以下のとおりに定めている。「すべてのソーシャルワークプログラムは、以下に明記されている領域における内容を網羅しており、さまざまな技術を紹介するものである。その内容は、プログラムのミッション、ゴール、目的、そしてソーシャルワークの専門性の目的、価

値、倫理に沿っているものでなければならない。それらは、Values and Ethics（価値と倫理）、Diversity（多様性、多文化、多人種）、Populations-at-Risk and Economic Justice（社会的、経済的司法）、Human Behavior and the Social Environment（人間行動と社会環境）、Social Welfare Policy and Services（社会福祉政策とサービス）、Social Work Practice（ソーシャルワーク演習）、Research（社会に関するリサーチ、査定、評価）、Field Education（現場実習：最低400時間の実習）、Advanced Curriculum Content（大学院でのカリキュラム内容）によるものである（http://www.cswe.org/CSWE/）」。これらの基準に沿って各大学ではカリキュラムを作成している。

　また、必修であるソーシャルワークのプログラムの他に、教養課目の履修が要求されている。ソーシャルワーカーは、他人とコミュニケーションをとるスキルを持っていなければならないので、社会問題や人間の行動についても理解することが要求されている。そのような知識はさまざまな学問分野から得られるものであるから、人類学、社会学、心理学、経済学、英語、政治学、人体生物学、統計学、哲学などの分野から一つの課目をソーシャルワーカーのカリキュラムの一環として選択することが求められている。BSWでは広範囲にわたる知識を身につけているソーシャルワーカーの養成を目指していると思われる。

　さらには、プログラムの教育的質を高めるためにプログラムは必要に応じて変えるようになっている。社会の動向に合わせて、さまざまなニーズに対応できるソーシャルワーカーの育成が実践されているのである。

4．カリキュラムの内容―ロールプレイを中心に―

　各大学のプログラムは、CSWEが指定している教育理念やカリキュラムに沿ってコースの内容を決めている。大学では基礎的な理論、面接技術などを徹底的に学び、現場実習で専門性を学ぶというシステムが確立しているようである。

　以下に、いくつかの大学からソーシャルワーク演習の科目についてイン

ターネットで検索した内容について報告をする。多くの大学のシラバスにおいて、ソーシャルワーク専攻の受講者に求められるものに、ロールプレイに参加することが記載してあり、成績の25％を占めている。ここでは、ロールプレイを狭義の意味ではなく広義の意味で捉え、米国のソーシャルワーク課程で展開されているロールプレイを「ソーシャルワーク場面を想定しワーカー役とクライエント役を体験する」「学生自身の問題を扱う面接を行いワーカー役とクライエント役を体験する」「グループワーク」の三つに分けて報告する。

　実際のソーシャルワーク場面を想定し、ワーカー役とクライエント役を体験するロールプレイでは、ブレシア大学（http://www.brescia.edu）のソーシャルワークコースから報告をする。必須科目であるPractice Ⅰ（演習Ⅰ）で要求されるものは、①シラバスに載っているアサイメントを読み、②クラスでの討論に積極的に参加し、③ロールプレイエクササイズに参加し、④ボランティア実習体験をする、⑤中期・後期試験を受ける、の以上5点である。この大学のコースでは、ロールプレイへの参加度が成績の25％を占めている。

　ロールプレイを通して、さまざまな領域で働くソーシャルワーカーの役割やさまざまな困難を持つクライエントについて体験的に学んでいる。演習Ⅰであるので、より多くの現場を体験するという意味もあり、学校、病院、ホームレスシェルターで働くソーシャルワーカーを体験すると考えられる。学生に与えられる情報は限られており、クライエントが置かれている状況を学生が想像してロールプレイをつくっていくことで現実を知り、さらには専門性を身につけていくというカリキュラムが組まれているようである。

　イリノイ州立大学スクール・オブ・ソーシャルワーク（http://www.socialwork.ilstu.edu/）では、ソーシャルワーク演習Ⅰでビデオテープ評価アサイメントが課される。それは、面接場面のロールプレイを収録し、自分自身の面接について評価するというものである。その内容は、三つの面接をビデオテープに収録し、三つの評価と二つのトランスクリプトを書かねばならない。このビデオテープ面接は成績の25％を占めている。アサイメントは五つの領域に分かれており、提示されたチェックリストに沿っていなければな

らない。

　このアサイメントでは、学生が身につけた技術を徹底的に分析し、自己の強みや弱みを客観的に分析し、技術面における自己課題を明確にするという目的がある。ここでのロールプレイは実際の面接場面が用いられ、学生がソーシャルワーカーとクライエントの役割を両方経験することになっている。ビデオテープに面接を収録し、その面接記録を見ながら自分のとった役割や面接過程を観察し分析する過程は、自己を見つめなおす機会になると思われる。

　また、ビデオテープ面接内容の何について評価するかが具体的に細かく指示されており、学生にとっては厳しい課題といえるだろう。このビデオテープ面接を多くの大学が取り入れており、対人援助技術を磨くためのロールプレイというだけでなく、援助者としての自己資源を発掘し自己覚知を促すためにロールプレイが養成課程で展開されているといえるだろう。

　次に、学生自身の問題を扱う面接を行い、ワーカー役とクライエント役を体験するロールプレイを展開しているメレディス大学の講義内容を報告する。メレディス大学（http://www.meredith.edu/socwork/）はノースカロライナにある1891年に創立された女子大学で、米国南部の135大学中、ベストカレッジ16位に選ばれた大学である。この大学のソーシャルワークコースもCSWEの認定を受けている。

　この大学のコースから、Generalist Practice with Individualsコースについて報告する。このコースは、三つあるPractice（演習）コースの最初に受講するコースである。

　1回目のビデオテープ面接では、まずクラスからパートナーを一人選び、面接を行う時間をパートナーと設定し、論点、問題、あるいは学生が現在経験しているか、過去に経験がしたことのある話題を選択することが提示されている。取り上げた問題は、この面接を通してパートナーやインストラクターと共有することになるので守秘義務が必須となる。ロールプレイ以外の場所では、パートナーと共有した問題について話し合うことはしないということに同意しなければならないと強く強調されている。これは、NASWの

倫理規定の守秘義務に関することを実施体験することになる。

　パートナーとともに面接の時間が10分から15分の長さである面接テープを二つ作成する。一つは、クライエント役を演じ、学生自身の問題をソーシャルワーカー役であるパートナーと共有する。もう一つのテープでは、ソーシャルワーカー役を演じてパートナーを面接し、パートナーの問題やニーズを共有する機会を体験する。もしその体験から最大限の利益を得たら、それを真摯に受け止めなければいけないと注意されており、このような理由から、学生にとって真実の問題を取り上げることが重要で役立つとしている。注意事項として、インストラクターの他には誰も面接のテープを見ることはないし、面接の内容で成績はつかないと指示されている。

　テープ収録後、二つのビデオテープ面接の評価を行う。成績は学生自身の評価がいかに効果的になされているかが問題となる。面接中にいくつか間違いをするだろうが、大事なのはそれらに気づき間違いを訂正する方法を提示することである。自分自身の強さと弱さに焦点をあて、面接中のパフォーマンスに関して思慮深く洞察し、鋭い分析をすることが重要ということである。

　このアサイメントには、二つの目的があると考えられる。まず、学生自身が体験している、あるいは抱えている問題を取り上げることで、面接がより現実的なものとなる。クライエント役を演じることで、自己開示をすることにまつわる感情が体験でき、個人を尊重することや個人の価値について体験的に学ぶ。現実的な面接を体験することは、現場で即戦力となりうるジェネラリストを養成する一つの過程になると考えられる。また、面接テープを観察し評価を行うことで客観性を養うことができ、一つひとつの設問に具体的に答えることで迅速で適切な情報処理能力を開発し表現力を育てることが可能となりうる。技術を教科書で学ぶだけでなく、体験的に学び評価することで学生は自己資源を開拓し、自分自身の強さや弱さを知ることができると考えられる。

　テキサス大学オースティン校スクール・オブ・ソーシャルワークでは、1998年度からの講義シラバスがインターネットから閲覧できる（http://www.utexas.edu/ssw/eclassroom/xxbsw2.html）。2007年度に開講されるBSWの

コースは、56課目ある（教養課目は除く）。どの課目も、学生の授業への参加度、つまり、グループ・エクササイズやロールプレイへの積極的な参加が成績に5～25％影響すると明記されており、講義方法もDiscussion（討論）、Group Work（グループワーク）、Group Presentation（グループ発表）、Laboratory（実習室）で面接場面をビデオに録画し分析するといった、講義に積極的に参加し、体験を重視するという講義形式ものが多い。

2007年度に開講された56課目のうち、同じ課目が1年を通して2～4回、開講されるものもあるので重複している課目があるが、56課目のうち、講義方法や学生への課題でロールプレイと明記されている課目は16課目であった。重複する課目を除き、ロールプレイが取り入れられている課目をまとめたものを表3-1に記す。

表3-1　2007年度テキサス大学におけるロールプレイを取り入れた課目

Course Title（コース名）	Teaching Methods（講義方法）、Course Assignments（課題）、Grading（評価）など
Generalist Social Work Practice : Knowledge, Values, and Skills	体験学習を重視（ロールプレイ、討論、ボランティア、インタビューなど） 学生がワーカー役とクライエント役の両方でロールプレイを行い、その場面をビデオに収録して分析する課題
Social Work Practice with Individuals and Families	ロールプレイへの参加が必須であり、講義への参加度を判断する基準となる 学生が15分間のロールプレイを行い、ビデオに収録し分析する課題、クライエントを体験するためのロールプレイの課題
Social Work Practice with Groups	講義方法の一つとしてロールプレイ（最低でも3回以上のロールプレイ体験） グループでロールプレイを行う課題（成績の25％）
Theatre for Social Change	講義への参加度を評価する基準の一つにロールプレイ
Field Seminar	講義方法の一つとしてロールプレイ ロールプレイへの参加が必須
Separating Fact from Fiction in Mental Illness Through Film and Literature	評価の一つとして、ロールプレイへの積極的参加
Social Work Practicum	体験学習（ロールプレイなど）

そのうち、2007年度秋に開講されたBSWコースの必須科目であるGeneralist Social Work Practice : Knowledge, Values, And Skills（ソーシャルワーク演習：知識、価値そして技術）のコース内容について詳しく報告する。このコースは、ソーシャルワーク演習に必要となる基礎的な価値観や倫理、技術、知識について学び、観察、コミュニケーション、問題解決アプローチの面接技術とアセスメント技術を身につけていくことがねらいとされている。また、体験学習を強調しており、そのなかには学生が直接クライエントと接する45時間のボランティア体験が含まれている。

講義形式は、講義、ディスカッション、グループエクササイズ、体験学習、ボランティア、ロールプレイである。本コースを履修するにあたり、ボランティア体験と五つのアサイメントが課される。さらにコースを履修する学生に要求されるものは六つある。それらは、ワークブック、Oral History Assignment（口頭歴史アサイメント）、これは選ばれたコミュニティメンバーの30分から45分の口頭歴史面接をしてレポートを作成するものである。Ethic Group Presentations（グループでの発表）では、人種問題が絡んだケースに関する発表をグループで行う。

そのなかから、Community Assignment（コミュニティ・アサイメント）について詳しく報告する。これは、少人数グループで行う課題である。まず、近隣のコミュニティシステムを一つ選択する。そして、その選択したシステムが抱える問題とニーズを調査し、そのなかから一つの問題を選択して問題解決過程について考え発表する。その際、コミュニティに関するポスター、写真、警察の統計に関連するようなチャート、グラフ、テープ、地図などを使用して発表する。このアサイメントの成績は、グループメンバーによって参加度を評価される。

Generalist Social Work Practice : Knowledge, Values, And Skillsの次にとるコースである、Social Work Practice with Individuals and Families（個人と家族に関するソーシャルワーク演習）でも、出席と授業への参加度（クラスでのディスカッションやロールプレイ）に10ポイントの成績が与えられることが明記してある。

ソーシャルワークでの学位を取得するためには、授業のなかで必ずロールプレイに参加することになることが、テキサス大学でも示唆される。
　テキサス大学のスクール・オブ・ソーシャルワークでは、出席や課題提出の期日厳守がソーシャルワーカー養成課程にある者にとって重要であることが強調されており、欠席や提出物の延滞について、厳しく言及されている。そして、実際のケースに関する個人情報を扱うこともあるため、NASWの倫理規定を守ること、特に守秘義務について厳重に注意されている。また、安全な学習環境をつくるためにもグループの凝集性を活性化するためにも、チームメンバーとしてアサーティブでファンクションであることを、つまり、心を開いて他者の意見や考えを聞くことをクラスの方針として提示している。
　テキサス大学でのグループ学習では自分の考えを表現し他者の意見を聞くことを学び、またチームで課題を行うことを通して安心して自己開示ができるチームの雰囲気をつくることを学ぶ。福祉の現場では一人で働くということはなく、それぞれの専門性を活かしながらチームの一員として働くことになる。グループで課題に取り組むことを通してグループを活性化させ、そこで自分や他者を活かすことを学ぶというねらいがあると考えられる。

5. 考　　察

　すべての大学のカリキュラムでいえることは、学生に課されるアサイメントの数や読書量が非常に多いということである。学生は積極的に学ぶために、授業が始まる前に準備をしておくことが前提となっている。そして、学生はプロフェッショナルなソーシャルワーカーになるための過程にあることを強調されており、学習への参加態度や意欲、指示されたあるいは決められたことを守ること遂行することがNASWの倫理規定につながるように講義内容が構成されている。
　また、どの大学でもボランティア体験やロールプレイ、グループワークなどの体験学習が多く取り入れられている。特にロールプレイはCSWEが認定校として定める大学のカリキュラムのなかに組み込まれている。ロールプ

レイは成績評価に必ず反映されており、決められた役を演ずるロールプレイや学生自身がクライエントになる面接がソーシャルワークコースで展開されている。ロールプレイは技術研磨を目的とするだけでなく、学生自身の強さや弱さといった自己資源の開拓を促進するものとして展開していると考えられる。

4章

グループ学習におけるロールプレイの意義
―K大学の社会福祉援助技術論において―

(眞口啓介)

　筆者は、K大学に在籍中、社会福祉援助技術論で行われているグループ発表の授業が、学生に与える影響を調査しその意義を考察した。本調査は発表後にアンケート調査を行い、発表の前と後を比べて、個人内でどのように意識が変わったか調べた。結果、発表方法によって学生の意識の変化にも違いがあることがわかった。ここでは、ロールプレイとその他の発表方法で、学生の体験にどのような違いがあるのかを考察する。

1．アンケート調査の概要

　グループ活動によって学生がどのように変化するのかを調査するために、K大学の社会福祉援助技術論で行われたグループ発表の授業において、発表後の学生にアンケート調査を実施した。

　グループは、文献などからレジュメを作成して発表するグループ（以下、レジュメ班）、現地取材を行い発表するグループ（以下、取材班）、テーマについての事例をロールプレイで発表するグループ（以下、ロールプレイ班）の3種類あり、無作為に13班に分けられたグループが分担して行った。

　調査対象としては、本学で社会福祉援助技術論を受講した学生228人、有効回答数226人（男104人、女122人）を対象とした。

2．班内の役割の変化

各班内で、個人がどのような役割をしたかという質問に対して、①〜⑦の選択肢から選んでもらった。また、グループ活動中に当初の役割から変化したという人には、同じく①〜⑦の選択肢で変化後の役割を選んでもらった。

図4-1は、各班の母集団を100%として、選択肢ごとに回答率を百分率で表している。質問内容と図は後述する。

1）班内の役割

図4-1を見ると、どの班も同じような様相を示しており、「全員が参加できるようにする役割」が最も多く、次に「雰囲気を盛り上げる役割」「あまり発言はしないが決められたことはする」「全体を引っ張っていく役割」と続き、「参加することに消極的」という人は少ない。おおむね参加することに意欲的であるといえる。またグループは無作為につくられたものであり、

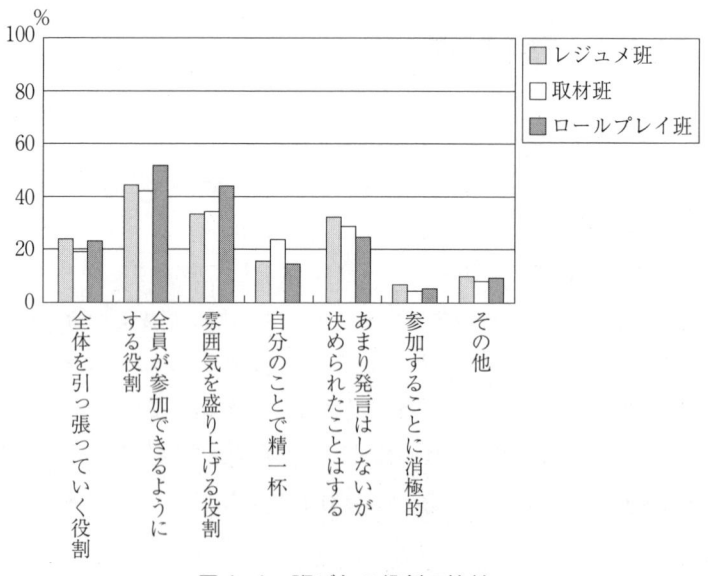

図4-1　班ごとの役割の比較

初対面の人が多い。そのため、初めからグループを団結させようという意志が働いているのではないだろうか。

2）三つの群の特徴

レジュメ班、取材班、ロールプレイ班の三つの群を比較する（図4-1）。回答率は全体的にロールプレイ班が高く、取材班が低くなっている。この図は複数回答をしてもらったもので、全体の回答数が高いということは、一人で二つ以上の役割を担った人が多いということである。つまりロールプレイ班は一人で複数の役割を担う人が多く、取材班は一人ひとりが多くの役割を担うことが少なかったということである。

（1）レジュメ班

他の2グループに比べて「全体を引っ張っていく役割」と「あまり発言はしないが決められたことはする」が多い。このことから、リーダー的な役割をする人と、その指示を遂行する人に役割が二分化されている傾向がわかる。

また、わずかながら「参加することに消極的」が最も多くなっている。レジュメ班は、おおむね文献を調べ、レジュメを打ち込むという二つの作業である。作業が分担しやすく、少ないため、仕事量に差が出てくるのではないかと推測できる。

（2）取　材　班

全体的に回答数が少ないなかで、「自分のことで精一杯」という回答だけが3グループのなかで最も多い。また「全体を引っ張っていく役割」と「全員が参加できるようにする役割」「参加することに消極的」が最も少ない。

作業に対する負荷が、3グループ中最も大きかったものと推測される。

（3）ロールプレイ班

「全員が参加できるようにする役割」と「雰囲気を盛り上げる役割」が3グループ中最も多く、「自分のことで精一杯」と「あまり発言はしないが決められたことはする」が最も少ない。また、3グループ中、回答の総数が最も多いことが見られる。

3）役割の変化

　図4-2～4-4は、三つのグループ別に、役割が変化した人の人数である。全体的に、変化したと意識している人は少ないが、グループによって違いが見られる。

　（1）　レジュメ班

　「全員が参加できるようにする役割」と「雰囲気を盛り上げる役割」に変化したことが目立っている（図4-2）。そのほとんどが、「あまり発言はしないが決められたことはする」と「参加することに消極的」だった人が変化している。また、「全体を引っ張っていく役割」「自分のことで精一杯」「あまり発言はしないが決められたことはする」「参加することに消極的」に変化した人はいない。

　受動的な人が能動的になっている傾向が見られるということである。

　（2）　取　材　班

　「全体を引っ張っていく役割」に変化する人が最も多い（図4-3）。しかし、「自分のことで精一杯」や「あまり発言はしないが決められたことはする」

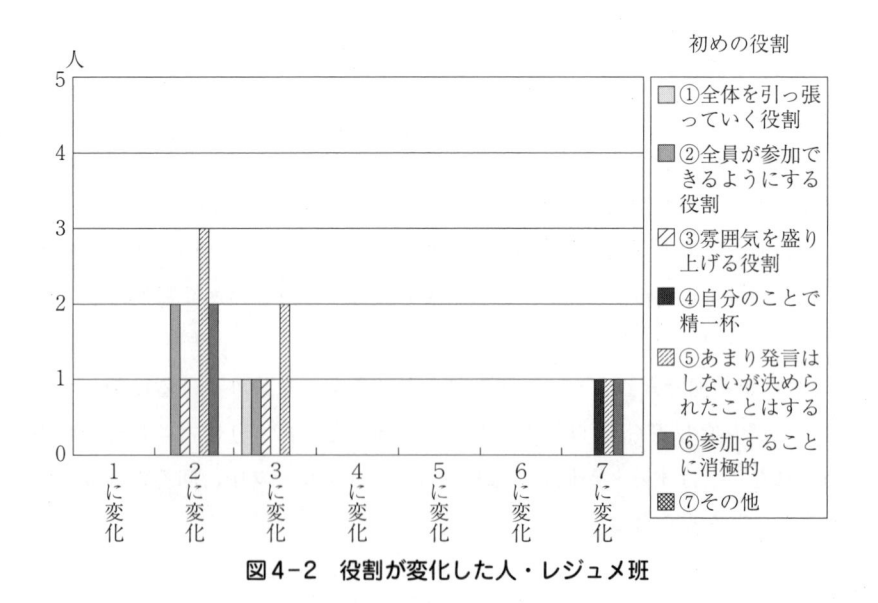

図4-2　役割が変化した人・レジュメ班

に変化しているのも見られる。また、「自分のことで精一杯」「あまり発言しないが決められたことはする」「参加することに消極的」が「雰囲気を盛り上げる役割」に変化しているのも見られる。

　積極的にグループを引っ張ろうとしていた人が息切れしてしまう傾向と、それに代わって、受動的だった人が盛り上げようとする傾向が見られる。

（3）　ロールプレイ班

　「全員が参加できるようにする役割」に変化した人が最も多くなっている（図4-4）。特に、「あまり発言はしないが決められたことはする」と答えた人からの変化が多い。他にも「全体を引っ張っていく役割」「雰囲気を盛り上げる役割」「参加することに消極的」からの変化が見られる。また、始めに「全体を引っ張っていく役割」「全員が参加できるようにする役割」「雰囲気を盛り上げる役割」だった人が「自分のことで精一杯」に変化しているのも見られる。

　消極的、受動的だった人から能動的、積極的に変化する傾向が見られる。逆に、消極的、受動的への変化は見られなかった。

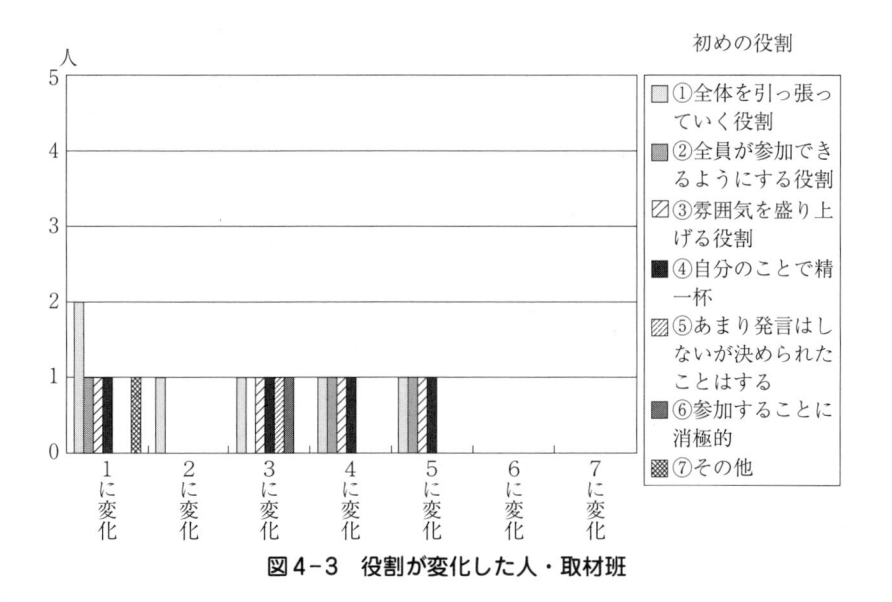

図4-3　役割が変化した人・取材班

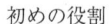

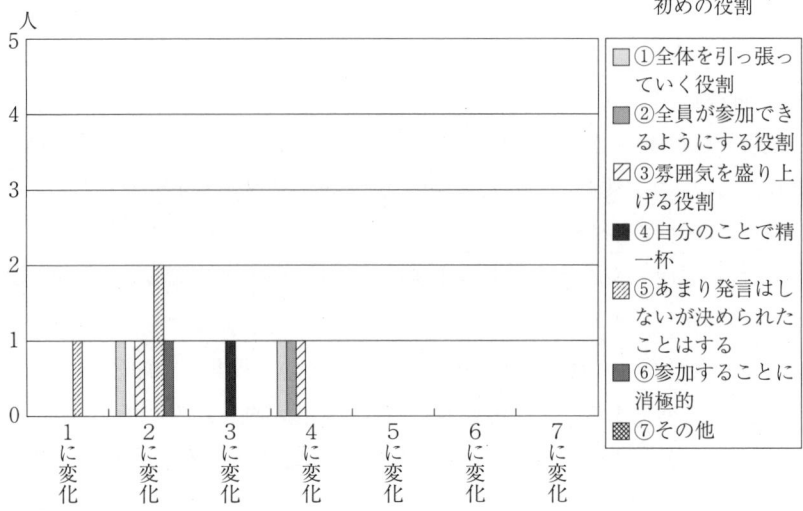

図4-4　役割が変化した人・ロールプレイ班

4）考　　察

　まず、全体のグラフを見てみる（図4-1）。この授業のグループは、気の合う友だちで組まれたものではなく、無作為に組まれたものである。それほど親しくない同級生だったり、話したことがない人同士が大半であろう。グループ発表という目的を果たそうとすれば、ある程度の団結がなくては果たすことができない。そのような環境が、グループを盛り上げて団結させようという人が多くなった要因ではないだろうか。

　また、七つの選択肢を用意したが、数の差はあれ、どの選択肢も回答者がいる。グループには、さまざまな役をする人が必ずいるということである。グループで活動する限り、さまざまな役に分かれるものと考えられる。社会もまた同じである。さまざまな人がいて、さまざまな姿勢でもって生きているのである。気の合う仲間や、自分にとって都合のいい人だけで構成されているのではないのである。

　次に、各班の変化を見てみると、レジュメ班は、「全員が参加できるようにする役割」に変化している人が多い。レジュメ班は、3グループのなかで特に作業を分業してしまう班である。文献を調べる人の間と、レジュメを打

つ人の間に、あまり大きな交流がない。「あまり発言はしないが決められたことはする」と答えた人が最も多いのは、そのためであろう。発言し合う機会が少ないのである。この交流の機会が少ない班が、最も「あまり発言はしないが決められたことはする」と答えた人が「全員が参加できるようにする役割」に変化している。交流の機会が少なくても、目的を同じくして、グループで活動をすれば、交流が促進するのだと考えられる。

取材班は、3グループ中、作業の負荷が最も大きかったと推測される。そのため、初めから「自分のことで精一杯」の人が多く、積極的に引っ張る役割だった人が息切れしてしまうのも見られる。しかし、それを補償する形で、消極的だった人が「全体を引っ張っていく役割」「雰囲気を盛り上げる役割」などに変化している。困難な課題に対しては、助け合う、団結力があがるということが考えられる。

ロールプレイ班は、役割が最も平等に行き渡るグループである。ロールプレイには、まず主役がいて、そこに居合わせた仲間が自由にイメージした場面をまとめて演出する役＝監督と、監督を助けるとともに役を演じる演者の動きも支える役＝補助自我と、劇をそのうえで行う舞台と、舞台上の演技を観る人＝観客が必要である。これはロールプレイの五つの要素と呼ばれている。観客は演者と同じ人たちで、交代で観たり演じたりする。グループの全員が演者であり、観客である。

全員が参加し、自己表現をするのである。そのため、「全員が参加できるようにする役割」と「雰囲気を盛り上げる役割」が最も多く、「参加することに消極的」や「あまり発言はしないが決められたことはする」が少なくなる。また、初めは消極的だったが、積極的な役割に変化することができるのだと考えられる。

3．考え方の変化

準備前、準備中、発表後の三つの時期で、自分がどのように感じ、考えたかを質問した。図4-5は、準備前に考えたことを①〜⑤の選択肢から選んで

もらい、各班の母集団を100%として選択肢ごとに回答率を百分率で表している。図4-6は、準備段階で考えたことを①〜⑧の選択肢から選んでもらい、同じく百分率で表している。図4-7は、発表を終えて考えたことを①〜⑮の選択肢から選んでもらい、同じく百分率で表している。

1）準 備 前

　各班ともほとんど同じような様相を示しており、「何をすればいいのかわからなかった」が最も多い（図4-5）。そのなかでも取材班とロールプレイ班は、レジュメ班と比べて際立って多く、8割を越える学生が選んでいる。

　他の選択肢は1割程度で、「担当することが楽しかった」「できることならしたくなかった」と続いている。また、ロールプレイ班は唯一「担当することが嫌だった」が0であった。それに反して「できることならしたくなかった」が2番目に多くなっている。

　全体的に、グループ活動に対する不安が推測できる。

（1）　レジュメ班

「何をすればいいのかわからなかった」が、3グループ中最も少なかった。

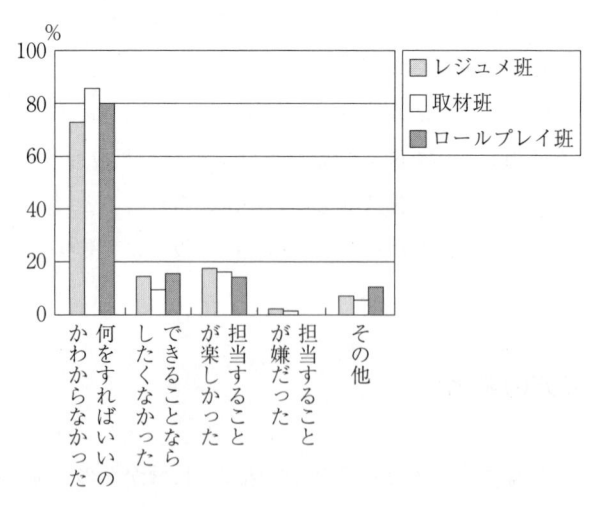

図4-5　準備前に考えたこと・3グループの比較

また、「担当することが楽しかった」が最も多い。その一方で、割合はわずかであるが「担当することが嫌だった」も3グループ中最も多くなっている。

レジュメ班の作業は学生にとって馴染みのあるレジュメづくりである。何をするのかわからないということが少ないのは、自然であると考えられる。

(2) 取　材　班

「何をすればいいのかわからなかった」が85.3%と3グループ中最も多い。また、「できることならしたくなかった」が最も少ない。

レジュメ班と比べて、目新しい活動であるが、ロールプレイ班ほど馴染みのない作業ではない。何をすればいいのかわからないという不安はあるが、ロールプレイに対するほど抵抗はないということであると推測できる。

(3) ロールプレイ班

「何をすればいいのかわからなかった」が80.8%と2番目に多く、「できることならしたくなかった」と回答した人が15.4%と3グループ中最も多い。馴染みのないロールプレイに対する不安と、抵抗が準備前には見られる。

2) 準　備　中

各班とも「準備が大変だった」という回答が最も多く、どの班も8割以上である（図4-6）。次に「準備をがんばろうと思った」が多く4割強、「準備が楽しかった」「メンバーとうまくやっていけるか不安だった」と続いている。

準備前に比べて、不安以外の要素が増えてきているのがわかる。

(1) レジュメ班

他のグループと比べて、「準備が嫌だった」が最も多い。「準備が楽しかった」「発表が嫌だった」「メンバーとうまくやっていけるか不安だった」が最も少ない。

準備の面白みが比較的少ないことが、発表への楽しみを少なくしているのではないかと考えられる。また、対人関係の緊張が比較的少ないようである。文献を調べてレジュメをつくるという作業のなかで、メンバーと話し合う機会が少ないためではないかと考えられる。

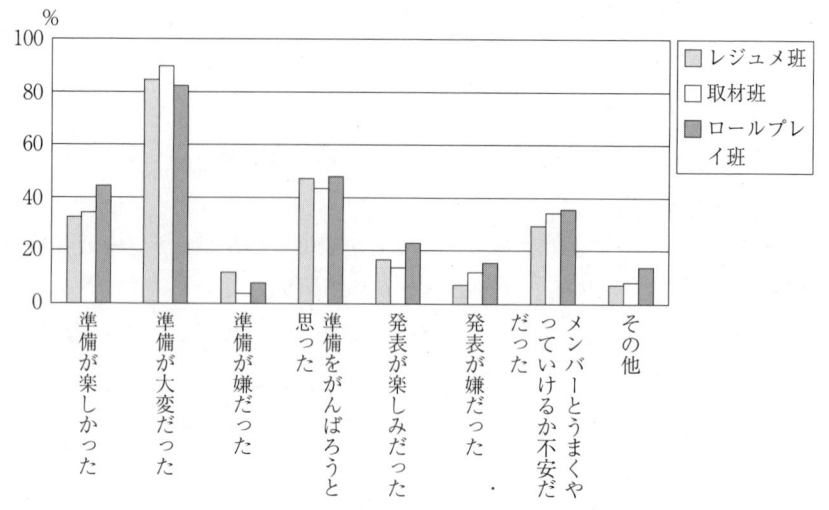

図4-6　準備中に考えたこと・3グループの比較

(2) 取材班

「準備が大変だった」が3グループ中最も多く、「準備が嫌だった」「準備をがんばろうと思った」「発表が楽しみだった」が最も少ない。

(3) ロールプレイ班

「準備が楽しかった」「準備をがんばろうと思った」「発表が楽しみだった」「発表が嫌だった」「メンバーとうまくやっていけるか不安だった」が3グループ中最も多い。「準備が大変だった」が最も少ない。

3）発 表 後

全体の傾向として、「最後までできて良かった」(79.2%)が最も多く、「メンバーと仲良くなれた」(73.5%)、「がんばることができた」(71.7%)、「グループの団結力が上がった」(66.4%)、「疲れた」(57.5%)、「自分が成長できた」「学びが深まった」(56.6%)、「充実できた」(55.8%)、「楽しめた」(54.4%)までが5割を越えていた（図4-7）。

「辛いことがあった」(18.1%)、「面白くなかった」(3.5%)、「嫌なことばかりだった」(0.4%)は少数意見であった。

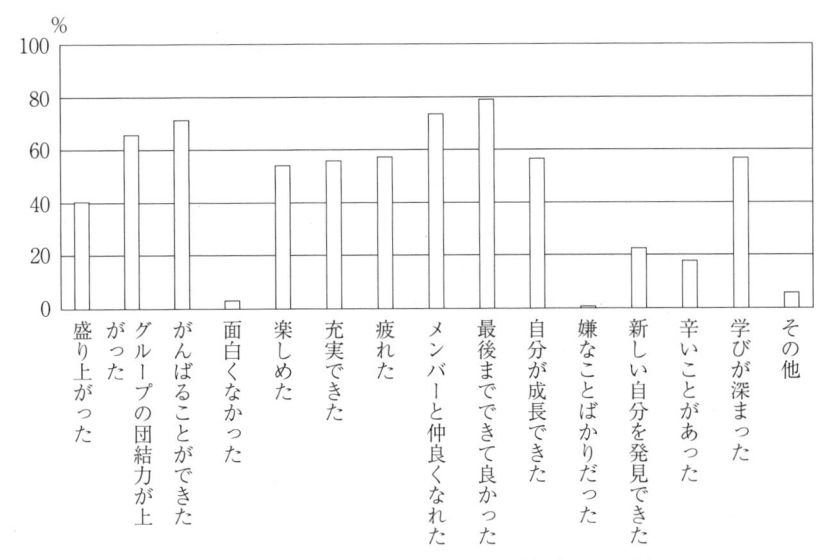

図4-7 発表後に考えたこと・全体（N=226）

　「最後までできて良かった」や「がんばることができた」などの達成感に関する感想と「メンバーと仲良くなれた」や「グループの団結力が上がった」などの対人関係の向上に関する感想が上位を占めていることがわかる。
　また、「辛いことがあった」という回答が2割近くあるが、「嫌なことばかりだった」という全否定の回答はほとんどない。辛いことはあったが、グループ活動に対して肯定的な感情を持っていると考えられる。

（1）レジュメ班

　「面白くなかった」が3グループ中最も多かった（図4-8）。また、「盛り上がった」「グループの団結力が上がった」「がんばることができた」「充実できた」「疲れた」「メンバーと仲良くなれた」「最後までできて良かった」「自分が成長できた」が最も少ない。

（2）取材班

　「グループの団結力が上がった」「がんばることができた」が3グループ中最も多い（図4-8）。「面白くなかった」「楽しめた」「新しい自分を発見できた」「辛いことがあった」「学びが深まった」が最も少ない。

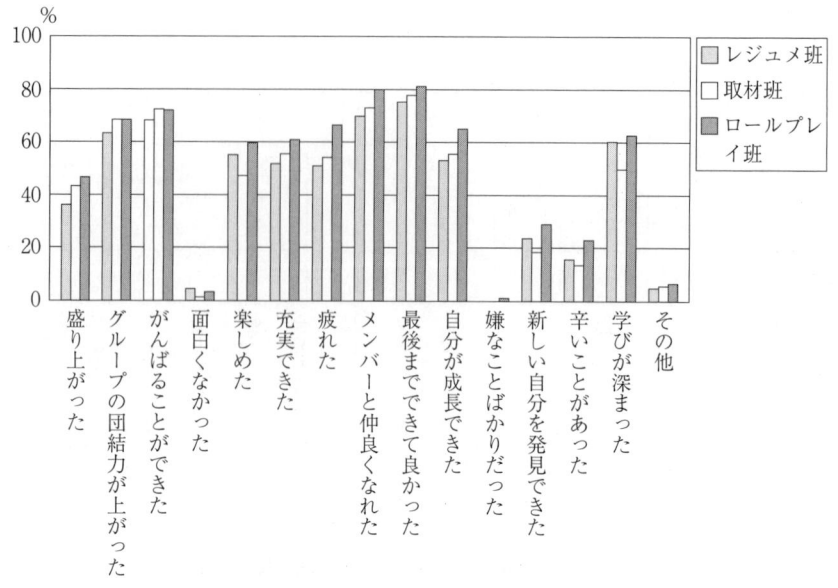

図4-8　発表後に考えたこと・3グループの比較

(3) ロールプレイ班

「盛り上がった」「楽しめた」「充実できた」「疲れた」「メンバーと仲良くなれた」「最後までできて良かった」「自分が成長できた」「嫌なことばかりだった」「新しい自分を発見できた」「辛いことがあった」「学びが深まった」が3グループ中で最も多くなっている（図4-8）。3グループ中で最も少ない項目はなく、回答数が多い。

4）考　察

　各班とも、準備前は何をしてよいのか不安が大きく、担当が嫌だったり、できることならしたくないという考えもあった。楽しいと感じた人は2割にも満たない。準備中は、大変だったと感じる人や、メンバーとの関係を不安に感じる人も多くいた。しかし、発表後はほとんどの人がグループ発表を肯定的に捉えている。「面白くなかった」や「嫌なことばかりだった」という、全面的に否定する人はほとんどいない。

また、「辛いことがあった」と答えた人は2割近くもいるのに、ほとんどの人は全面否定ではなく、肯定的であるところにも注目したい。辛いことはあっても、受け入れるという経験ができたということであると考える。

各班ごとに比較していくと、準備前に「何をすればいいのかわからなかった」、準備中に「大変だった」と困難を感じてるほど、発表後の達成感や充実感が大きいことがわかる。

そして、準備中に対人関係に不安を感じているグループほど、「グループの団結力が上がった」「メンバーと仲良くなれた」など、対人関係の向上が見られる。

4．グループ発表を通して

グループ発表を通して学生が成長した点は、一つ目は困難を受容する経験ができた点、二つ目は自己を表現することができた点、三つ目は他者を受容する力が向上した点である。

発表に際して、準備中は困難に感じる人がほとんどであった。しかし、発表を終えて、発表を否定的に捉える人はほとんどいなかった。ほとんどの人は肯定的であった。辛いことがなかったわけではない。辛いと答えた人も2割近くいたなかで、グループ発表は良かったと感じているのである。辛いことを辛い、困難なことを困難であると感じたうえで、受け入れ乗り越えることができたのである。

また、対人関係が向上していることがわかる。対人交流には、感情の交流が必要である。感情の交流には、自己を表現することが必要である。グループ発表では、作業上の役割を介して、自己を表現する機会が多くある。つまり、役割があるということが重要なのである。特にロールプレイ班ではグループの全員が演者として役割を持っていたため、よりメンバー同士の交流が深まっている。そして、肯定感を持って自己を表現できるということは、自己の存在を認められるということである。ロールプレイ班が、「自分が成長できた」と感じられる人が多かったのは、そのためではないだろうか。

また、このグループは無作為のグループである。ほとんどが初対面であり、気の合う人間ばかりではない。さまざまな姿勢や感じ方をする人がいたはずである。発表に積極的な人や消極的な人、困難を感じた人や、楽しいと感じた人、嫌だと感じた人、それぞれの人がそれぞれの思い通りには動いてくれなかったはずである。そのような現実を、ありのまま受け入れることができたということが、発表後の学生から読み取ることができる。他者は思い通りにはならない。しかし、思い通りにならなくても、他者との交流は肯定できるものであるという経験ができたのだと考える。

　これらの三つの点は、他者のなかでのみ生きる社会的な存在としての人にとって、重要かつ不可欠なことである。グループ発表、とりわけロールプレイは学生の社会化に貢献し、意義のあるものであるといえる。

5章
ロールプレイを授業に展開することの意義
—人間育成の観点から—

(藤原真人)

　筆者は、学士、修士課程を修了後、現在、精神科病院の現場で2年目を終えようとしている駆け出しの精神保健福祉士である。近年、社会福祉に関する授業科目等の見直しがあり、カリキュラムや授業内容に関する動きが活性化している。そこで本章では、ロールプレイを授業に展開することの意義について、K大学で行った2004年度・2005年度の「社会福祉援助技術演習Ⅱ」という授業のティーチング・アシスタント（以下「TA」とする）としてかかわった視点から述べる。本章はその授業内容、学生への意図とねらい、学生の悩みと変化、アンケートについて、注意点、ロールプレイを授業に展開することの意義について述べ、ロールプレイを授業に展開することの意義を示したい。

1. 授業内容

　まずは授業について簡単に触れたい。授業（K大学で行われた2004年度・2005年度社会福祉援助技術演習Ⅱ）では、ロールプレイを6人程度のグループで発表する。それぞれのグループは、各ライフステージにおける危機場面をテーマとして与えられ、出生前期から死期までのなかのどれかがテーマとなる。内容となる物語やシナリオをそのグループの学生たちが中心となってつくることがまず大きな課題となり、ここにはグループワークの技法も織り込まれている。また、学生自身が自分たちの考えと行動を起こさない限りそれらの

シナリオをつくることはできないため、学生は主体的で積極的に動かざるを得ない状況に立たされる。一つのグループとなる学生たちは学籍番号によってグループを分けられているため、メンバーもお互い初対面であったり、顔は知っているが話したことはないといった学生が多い。学生は見知らぬメンバーとともにこの課題を乗り越えていかなくてはならない。グループでつくられた発表内容は発表前に主教員により厳しくチェックされ、表現や構成について何度も訂正やつくり直しをしなくてはならないため、学生には身体的にも精神的にもかなりの負担がかかる。1回の授業で三つのグループが発表し、その他の学生はその発表を見る側として授業に参加する。その際、見る側の学生は授業の最後に感想や意見を述べることで、発表したグループへ発表内容のフィードバックをするという役割を担う。

2．学生への意図とねらい

ここでの「意図」と「ねらい」については、筆者自身が意識したものである。つまり授業の責任者である主教員と筆者が共有したものの一部であり、主教員自身が考える「意図」と「ねらい」とは多少形を変えるものであることを前提に話を進めたい。

社会福祉援助技術演習は一般的に以下の2点を目的に行われている。1点目は「社会福祉は専門援助技術について、ロールプレイなどを活用して学生自身で考え、主体的に行動する態度や姿勢を涵養すること」。2点目は「利用者の人権の大切さ、権利擁護、自立支援等を具体的事例を通して理解し、実行に移せるようにする実践力を育てること」である。それらを実現させるため、この授業で指導者側は一人ではなく複数で行う。これは、1学年の人数に細かい対応をするという機能面だけでなく、問題解決場面においてチームアプローチが重要であるということを明確にするためでもあり、さまざまな価値観や手段のなかで最善の対応をとるための方法であることを示唆するものである。

後述するが、多種多様な価値観や手段があれば優先順位や指導の方向性な

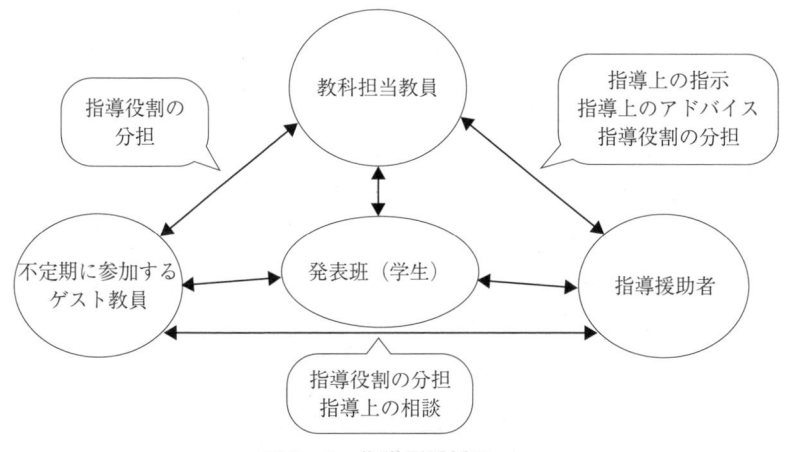

図5-1　指導側関係図

どについての問題が発生するため、指導者全員のコミュニケーションの質と量が最も重要で不可欠であると筆者は考える。図5-1のように、学生が中心（主体）となって授業が展開できるように指導者側が支援する体制をとりつつも、一定の枠を超えないように指導者間でコミュニケーションをとることで、学生が進む方向性に修正がとれる形になっている。学生の柔軟な思考は図にある指導者間でできている輪のなかで、それぞれより大きくなったり、形を変えたり、螺旋を描くような動きを見せたりと立体的で多彩な動きを見せる。その動きに指導者側と学生が相互に影響し合い、柔軟な表現や思考を発揮することができると考える。それらを引き出すために、学生グループがつくる発表内容は指導者側の厳しいチェックを受け、あらゆる可能性を掘り起こすことになる。

3．学生の悩みと変化

　グループ分けされた学生たちは、まだ顔も良く覚えていない同学科の学生や知り合いの混在するグループのなかでシナリオを完成させ、ロールプレイを行い、発表を終えなくてはならない。学生は、「自分がグループのなかで

の存在を認められるかどうか」という緊張感や「ロールプレイという大きな発表をやりきることができるだろうか」という不安感のなかで作業を進めていくことになる。まとまらないグループ、出足の遅いグループ、意見が出ずに沈黙が続くグループ、楽しそうに進めていくグループなど、各グループはさまざまな個性を形づくっていく。時間が経過するにつれて、学生たちはグループメンバーへの怒り・不満やグループ間の衝突などが起こるために悩み、大きなストレスとなる。また苦労してできたシナリオに対して主教員から厳しい評価を与えられた時には、学生たちは新たな改善策を模索していかなくてはならずストレスがさらに重なる。

　この過程が何度か繰り返され、疲労感もただならぬものとなって学生に襲いかかってくる。そのような状況下で遅くまで大学に残るグループや、メンバーの家に集まり何とかしてロールプレイを発表するという課題を乗り越えようとするグループが見られるようになる。日に日に溜まる疲労感と発表日が近づいてくる焦燥感や、学生間の怒り・不満・衝突などの悩みを乗り超え、グループとしてのまとまりが出てくると、学生たちはそれぞれに意見を出し合い、そこから加速度的にシナリオや表現内容に変化が現れ始める。そして発表を終えた学生たちは、安堵の表情とともに達成感と連帯感と団結力、加えて他のグループへの主体的な配慮や共感する力を見せるようになっていく。

4．アンケートについて

　筆者は以前、二つのアンケート調査を行った。2005年2月K大学で2004年度に行われた社会福祉援助技術演習Ⅱの講義を受けた福祉系学部の2年生223人を対象に36項目のアンケート調査を行い、141人の回答を得た（有効回答率63％）。また、そのなかからさらに任意の調査依頼に応じた11人に26項目のテーマに沿った半構造的インタビュー調査を行った（2005年7、8月）。学生の学習経過に伴う心理や感情の変化を明らかにするために行った「アンケート調査」と、そのアンケート調査によって明らかになった変化が学生にとってどのような意味を持つのかということを解明するための「半構造的イ

ンタビュー調査」である。

　アンケート調査の結果、「初回の授業」を約8割近くの学生が「いやだった」「不安だった」と回答している。そして「発表が始まってからの授業」では約8割の学生が「勉強になった」「楽しかった」と回答し、「半年の授業を終えた後」の質問では約8割の学生が「とてもよかった」「よかった」

表5-1　アンケート調査結果（N=141）

初回の授業	いやだった	60人	(42.6%)
	不安だった	47人	(33.3%)
	びっくりした	17人	(12.1%)
	普通	11人	(7.8%)
	楽しそう	5人	(3.5%)
	その他	1人	(0.7%)
発表が始まってからの授業	勉強になった	64人	(45.4%)
	楽しかった	51人	(36.2%)
	普通	20人	(14.2%)
	つまらなかった	5人	(3.5%)
	退屈だった	1人	(0.7%)
半年の授業を終えた後	とてもよかった	55人	(39.0%)
	よかった	76人	(53.9%)
	あまりよくなかった	6人	(4.3%)
	全くよくなかった	4人	(2.8%)
この援助演習でソーシャルワーカーになる自分を意識したか	かなり意識した	10人	(7.1%)
	少し意識した	97人	(68.8%)
	あまり意識しなかった	30人	(21.3%)
	全く意識しなかった	4人	(2.8%)
ロールプレイの発表にいたるまでで楽しかったこと	周囲の人と仲良くなれたこと	115人	(81.6%)
	練習したこと	6人	(4.3%)
	人前の発表	5人	(3.5%)
	演じること	4人	(2.8%)
	その他	11人	(7.8%)
グループが一致団結した感覚があったか	とてもあった	89人	(63.1%)
	少しあった	47人	(33.3%)
	あまりなかった	4人	(2.8%)
	全くなかった	1人	(0.7%)
グループメンバーから学んだことは何か	メンバーの長所や短所	97人	(68.8%)
	自分の特徴	23人	(16.3%)
	病気や障害の知識	18人	(12.8%)
	その他	3人	(2.1%)

注）小数点第2位以下は四捨五入

と回答している。さらに「ソーシャルワーカーになる自分を意識したか」の質問では、「かなり意識した」「少し意識した」という回答が全体の約8割近くを占めた。

「ロールプレイの発表にいたるまでで楽しかったこと」として、「周囲の人と仲良くなれたこと」を回答した学生が全体の約8割を占め、「グループが一致団結した感覚があったか」という設問には「とてもあった」「少しあった」の二つの選択肢で全体の約9.5割を占め、また「グループメンバーから学んだことは何か」という設問に対して「メンバーの長所や短所」という回答が全体の約7割を占めた（表5-1）。これらの結果から①学生の授業に対する意識が授業の進行とともに肯定的に変化していること、②授業により学生自身がソーシャルワーカー像を具体的に持つようになったこと、③ロールプレイによるグループ構成メンバー間の相互理解の形成を評価する回答が多いことの3点が得られた。

学生たちは授業中の議論だけでなく、授業時間以外での喧嘩や仲直りなどの経験を経ている。目の前にいる一人の「人」をより多角的に捉えるようになり、「短所」といったマイナスイメージを持つ学生に対しても、自分なりにうまく対人関係を築けるようになっていた。これは自分自身の対人関係能力を広げるだけでなく、個人の価値観にも影響する部分であり、グループワークとしての効果が大きく見られた部分である。また、周囲の学生と親密になることによって連帯感やグループ間のネットワークが格段に広がり、ほとんどの学生が発表を終える学期末の時期をむかえる頃には、学年全体に大きなネットワークが張り巡らされている。これらが授業全体に影響を与え、その授業によって各グループや個人の人間的な成長を促しており、上記のような肯定的なアンケート結果をもたらしていると筆者は考えている。

次に半構造的インタビュー調査の結果、29のカテゴリーが抽出された。時系列に並べ替え学生の発表に関するカテゴリー（図5-2a）の24カテゴリーと指導者側に関するカテゴリー5カテゴリー（図5-2b）に分類された。この結果から①危機的な状況から変化を求められ、団結によって課題を乗り越えようとする学生の自覚の変化が生み出されたこと、②担当教員が主に厳し

a 学生の発表に関するカテゴリー

- ■学習目的の意味理解困難カテゴリー
- ■達成不安カテゴリー
- ■未知なる授業への意欲カテゴリー
- ■未知なる授業への期待カテゴリー
- ■教員からのシナリオを否定されることに備えた心の準備カテゴリー
- ■負担感（ストレス）カテゴリー
- ■班内役割模索カテゴリー
- ■自班自然発生役割自覚カテゴリー
- ■躓きカテゴリー
- ■課題未達成窮地カテゴリー
- ■グループ形成実感カテゴリー
- ■発表内容正確伝達願望カテゴリー
- ■自己変容開始カテゴリー
- ■発表直前未知領域直面カテゴリー
- ■発表直前一致団結意気高揚カテゴリー
- ■発表時安心カテゴリー
- ■失望落胆カテゴリー
- ■負担解放歓喜カテゴリー
- ■課題達成充実実感カテゴリー
- ■積極性獲得カテゴリー
- ■新自己発見自覚カテゴリー
- ■連帯拡大カテゴリー
- ■自己の未来への自戒・自覚カテゴリー
- ■他班学生賞賛カテゴリー

（全24カテゴリー）

b 指導者側に関するカテゴリー

- ■担当教員の絶対性の確認カテゴリー（シナリオ作成時）
- ■TAからの補助的アプローチカテゴリー
- ■担当教員の絶対性の再確認Aカテゴリー（寸劇作成時）
- ■TAへの安心感と協同カテゴリー
- ■担当教員の絶対性の再確認Bカテゴリー（発表時）

（全5カテゴリー）

図5-2　結果（インタビュー調査）

く接することで現実の危機場面への直面化を促しつつ、TAが補助的（支持的）役割を果たし、担当教員とTAが協力しながら相互に学生に働きかけることによって、ソーシャルワーカーとしてのあり方のモデルとして学生に受けとめられていたこと、③上記①、②から、授業に参加した時点で、「クライエントの置かれる状況を体験する学生」という役割から危機的限界状況に置かれることの辛苦を学び、なぜ支援をするのかという問いに対する自分なりの考えを獲得することができたことの3点が考察された。

ここで特に強調したいのは、①である。危機的な状況とは、図5-3にもいくつかあるが「班内の見知らぬ学生への不安感」「各自の意見がまとまらない不満感」「担当教員から課題の合格がなかなか得られない不満感と焦燥感」などがある。さらに時間的な制限から次第にごまかしができなくなると

- 班内の見知らぬ学生への不安感
- 作成期間が限られている
- 各自の意見がまとまらない不満感
- 人前で役を演じることへの抵抗感
- 他の学生への内容伝達の困難性
- 介入方法・援助方法がわからない
- 担当教員から課題の合格がなかなか得られない不満感と焦燥感

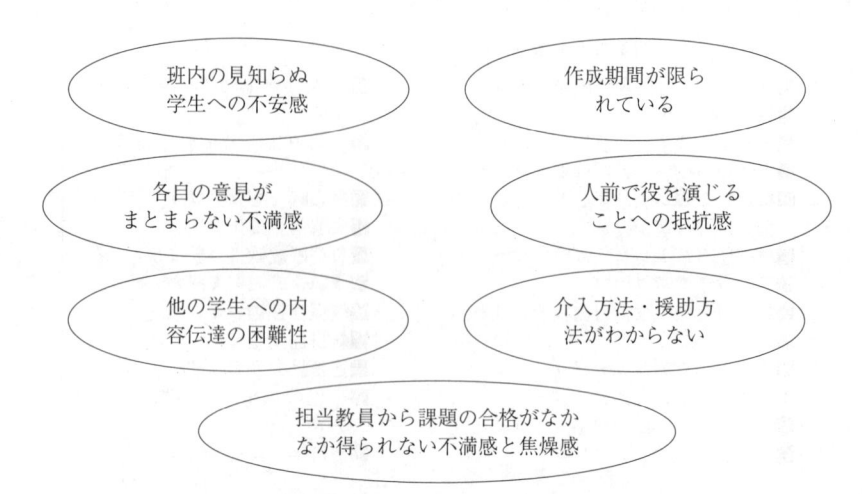

図5-3　発表までに学生が置かれる状況について

いう状況もあった。インタビューに答えた学生のなかには「まず、これはやべぇなと思いました。質が高けぇーと思ったんですよ。俺らにできるんかと思って……難しいなと思いました。ロールプレイは初めてで、メンバーは一人しか知らなくて、不安で不安で……って感じでした。メンバーと、あと2週間でできるかなって不安でした。シナリオも前々日に白紙に戻ってしまったし……」と、他グループの発表の完成度への不安や焦燥感を表現した学生もいた。

　これらの危機的な状況は、演じるライフステージの危機場面ではなく、現実的な学生たちの危機場面として襲い掛かってくる。他グループの完成度を見た時やシナリオや表現を主教員に認められなかった時、学生同士で険悪な雰囲気になってしまった時などの危機場面をいくつも積み重ねながら、「ロールプレイの発表を行わなくてはならない学生」という役割を周囲（指導者側）から期待され、現実的に受け入れなくてはならない状況となる。

　これらの状況への対抗策として、学生たちは担当教員やゲスト教員やTAである筆者のアドバイスを受けながら、遅くまで教室に残り話し合いを進めたり、メンバー宅で話し合いを進めたりする方法が次第に確立されるようになる。ただし、グループメンバー全員が都合よく集まれる時間は少なく、ア

ルバイトや用事で抜けなくてはならない学生に対しては役割分担をして対応する方法も多数みられた。危機的な状況に身を置かれることにより、学生たち自身が「自分が行動しなくてはならない」という自覚が促され行動を起こすようになっていった。

ロールプレイは「役割演技」「役割行動」「模擬面接」などという言葉でも表現され、役割とは周囲からの期待であるともいえる。人間はいくつもの役割（親としての役割、子どもとしての役割、兄弟姉妹としての役割、教員としての役割、学生としての役割、グループリーダーとしての役割など）を持っており、いわばこの役割遂行が日常生活を構成する一つの要素となっている。援助技術として用いられるロールプレイはこのような日常生活のなかにある役割を意識して演じることにより、その役割を演じている自分を理解したり、あるいは役割を意識して演じることにより具体的な伝達技術を学ぶことができる。

「援助技術として用いられるロールプレイ（役割演技）をする学生」という役割を期待され遂行しなくてはならない状況も一つのロールプレイ（役割行動）であると捉えると、そのような学生にとって危機的な状況に置かれる役割が、学生の意識に課題の直面化を促し、学生行動に変化を起こさせるきっかけとなった。そして授業の課題や発表までの刻限が迫る状況にグループ一丸となって立ち向かおうとする団結力や連帯感などを促したと考えることができ、ロールプレイとしての効果が大きく見られた部分であると筆者は考える。

5. 注 意 点

ここで筆者自身が感じた注意点も述べておかなくてはならない。

「学生への意図とねらい」の項目で先述したように、指導者側の全員のコミュニケーションが重要であると筆者は考えている。それは半構造的インタビュー調査の結果（図5-2b）から「担当教員とTAが協力しながら相互に働きかけることによって、ソーシャルワーカーとしてのあり方のモデルとして学生に受けとめられていた」と考察したように、指導者側それぞれの役割が

学生のモデルとして認識されているためである。それだけではなく、それぞれ指導する役割を遂行する者同士のコミュニケーションやかかわり方も含めて、モデルとして認識されている。指導者側は価値観の違いはあっても、その方向性や目標や考え方や学生へのかかわり方などについて、十分なコミュニケーションを図っておく必要がある。

　今改めて筆者はその重要性を現場においても感じているところであるが、コミュニケーションの重要性をいかに共有し、それぞれが努力して時間を割くことができるかが重要である。そして、その貴重な時間をどのように深めていくか、そのための事前準備にどれだけの労力を割くことができるか、他のやらなければならない作業とのバランスも重要であり、自己管理能力も問われるものである。この状況は学生がロールプレイの授業を受け、発表をグループで行う過程との違いが全くない。違うのは学生・指導者側それぞれの価値観のみであると考える。それだけに学生にとってモデルとしての価値があり、そのコミュニケーションの重要性が問われてくるのである。

　また、授業としての方向性や目標などを共有しておかなくては、学生を必要以上の混乱に招いたり労力を費やしたりしてしまうことになる。それだけではなく、そのフォローに他の指導者も時間や労力を費やすことになってしまう。それは、カリキュラムという時間的な制限を持つ授業にとって有益ではない。筆者自身もTAとしてのかかわりのなかで、主教員に多大なる迷惑をかけていたと後に認識した経験があった。これは学生のグループ内においても同様のことがいえる。グループ内での発表の方向性や目標などを共有しておかなくては、大きな負担を背負うことになるだけではなく、グループとしてフォローの効かない発表となってしまう可能性を秘めている。

　半構造的インタビュー調査に参加してくれた学生のなかには、主教員に対し反抗的な学生や拒否的な学生や楽観的な学生など、さまざまなタイプがいた。それらの個性豊かな学生たちからは授業でのさまざまな場面について教えられたことがあった。そのなかの一人からインタビューで意外な発言が聞かれた。「(ロールプレイの授業は) 学ぶ意欲に代わりました。先生には申し訳ないと思うんですけど、疑似体験をすることによって私はやっとワーカーに

なることは向いてないと思い切って判断することができました」という発言である。福祉系の4年制大学の福祉学科で福祉以外の職に就く学生は多くはない。そのなかで「自分には向いていないと判断できた」という決断は当事者の本人だけでなく周囲にとっても大きな決断であった。それが結果として良かったのか悪かったのかというところは本人自身がその責任を負うべきものであるが、少なくとも人ひとりの人生に影響を及ぼす可能性もあるということも改めて認識しておかなくてはならない。

6．ロールプレイを授業に展開することの意義

　本授業では、グループワークとロールプレイをうまく織り交ぜることで、相乗効果を導いていた。それはロールプレイを用いた授業がコミュニケーションの向上を図る訓練となっているだけではなく、課題に直面する姿勢を涵養し指導者側からのモデルを得ることによって、援助資源として自身を援助的に機能させるために自分自身について深く知り、理解し、学生の行動変容においてそれが具体的に現れていたからである。

　半構造的インタビュー調査の項目で前述したように、ロールプレイは役柄を演じることと授業の課題をクリアするという現実的な課題を突きつける役目を持っており、学生自身の直面化を促す大きな要素となっている。視覚的な表現も用いるため、自分の表情や行動の一つひとつが相手への直接的な意思伝達手段となっており、シナリオの不完全な部分が明確になる。相手との感情のやりとりでの違和感や環境や状況に対する条件との不一致、無限に広がるやりとりや環境条件の可能性が議論の数だけ現れる。

　ロールプレイによって中心人物がどのような環境や状況に置かれているかを具体的で視覚的に表現することが、シナリオだけでなく表現する学生自身の考え方やシナリオの捉え方などの違いに現れてくる。グループワークによって関係が密になったグループは、より忌憚のない意見を提案・議論することによってその内容を深めていく。そのなかで、学生たちは自分なりの「気づき」や「答え」を少しずつ見出していくのである。

直面化によって、学生が考える状況を主観的に表現し、練習のやりとりのなかでそれを客観的にフィードバックしてもらえるグループワークシステムが学生たちの主体性や積極性を引き出すための達成感・連帯感・団結力・他者への主体的な配慮や共感力を中心とした対人関係能力を養っている。授業に求められる課題はシナリオ作成やロールプレイによる発表の終結などといった目に見える目標だけでなく、コミュニケーション能力の向上につながるものであると筆者は認識している。

　コミュニケーション能力の重要性はいうまでもなく、ソーシャルワーカーとして相談者との関係のなかでその中心的な手段としての役割を果たしているものではあるが、チーム医療や他の職場においても同様のことがいえる。「ホウレンソウ」と呼ばれる「報告」「連絡」「相談」は複数の人数を含む一つのチームとして、情報の共有化や人的資源の能力の効率的活用を促す効果や円滑に作業を進める効果がある。また、コミュニケーションは、チームが一丸となって目的を達成させようという姿勢や積極的な行動を起こさせるエネルギーや労力に負けない楽しさを生み出すことができると考える。それゆえにコミュニケーションを中心とした対人関係能力は、その後の学生の対人関係を豊かにし、その人格を形成するうえでも重要な要素となっていることはいうまでもないだろう。今回授業で用いられたロールプレイは、さまざまなコミュニケーションによって自分自身を広げるような成長を促していくこと、そして友人とのネットワークを広げていくことができると考察でき、ロールプレイの意義として筆者が重要視するところである。

6章

ロールプレイ等の演劇的手法を盛り込んだ授業の特徴

(石川瞭子)

　筆者が前任校の教壇に立った時のことは今も忘れられない。着任初日の講義をむかえた午後の温かい日差しが差し込む大教室。230人ほどの学生が階段式の教室に詰めかけていた。学生数の多さと教室の大きさに圧倒され声が震えたのを覚えている。4月とはいえ、うだるような暑い日だった。

　担当科目は社会福祉援助技術論Ⅱ。学生は新学期をむかえて間もない大学2年生。当時はまだパワーポイント等のOA機器が普及しておらず、マイク片手に準備した教科書の内容を黒板に板書する教授方法だった。そこでの経験が今も忘れられない。

　教科書の概要を熱心に板書して振り向けば惨憺たる光景が展開されていた。教室はざわめきであふれ、その一方で居眠りをきめこんだ多数の学生が机にふせっていた。用意していた筆者の質問に答える学生はおらず、筆者の声がむなしく教室に響いていた。教壇に立ってはいるものの学生にとって筆者は教員として存在していなかったのだろう。教員としての無力感と焦燥感を痛いほど感じた。その日から筆者の戦いが始まった。

　教壇に立つことは経験済みで、筆者は教えることに若干の自信もあった。しかし230人もの学生を引きつけ、90分間も学生の関心を集め続けることは容易ではない。小手先の工夫では限りがあり、何としても授業形態そのものを転換しなければ惨憺たる授業からの脱出は不可能と実感した。その経緯からいくつかの経験則を編み出した。

　本章では、第1節でロールプレイ等の演劇的手法を盛り込んだ授業の特徴

5点を示し、次の第2節ではそれらの授業が学生にどのように評価されたかを大学評価から検討し、第3節では眞口・藤原の2論文と河村論文を加えて考察し、第4節では大学FDとの関連で教授法を振り返り筆者なりに評価を行う。

1．授業の特徴

本節では筆者の実践から編み出された経験則を以下の5点で報告する。授業を活性化し社会福祉の理念の理解を深め、ソーシャルワーカーになるための動機を高め、実践に役立つ援助の技術等を獲得し人間的成長を促す本授業案の特徴を5点にまとめた。

1）疑問を投げかけて学生がITを駆使し回答する形式の授業

筆者が前任校で担当した科目は、社会福祉援助技術論（以下、技術論）ⅠとⅡの他に社会福祉援助技術演習（以下、援助演習）ⅠとⅡ、社会福祉と精神保健福祉の現場実習指導Ⅰ・Ⅱ・Ⅲと心理学概論とゼミが三つの11科目だった。教授方法については試行錯誤を重ね、筆者は一つの手応えを得た。それは学生の生活に密着した話題を挿入しながら「なぜソーシャルワーカーの援助の技術が必要になるのか」という疑問を提示し、学生と一緒に考えるという手法だった。援助演習では「なぜ当事者は社会福祉の援助が必要な生活状況になるのだろう」と疑問を投げかけ授業を展開した。すると学生は関心を示し聞く耳を持った。疑問を提示し展開する形式で学生を引っぱり込む方法が有効であると経験から確信を得た。

また、心理学概論は受講生が30～40人程度だったので、グループ発表形式で課題研究を課した。すると学生は生き生きと図書館にいき参考文献を調べ、資料となるビデオを視聴し、インターネットで情報を集め立派なレジュメを作成し、またパワーポイントも意欲的に作成した。その授業形態からヒントを得て秋学期から技術論と援助演習はITを駆使したグループ発表形式とした。

2）全員参加型のグループ発表形式のチームティーチング授業

技術論は「なぜ援助の技術が必要か」「どのような技術が必要か」をテーマに39グループを13コマに編成し、教科書の内容をレジュメやポスターやパワーポイントにまとめ、1コマにつき3グループの発表を実施した。援助演習は「なぜ生活上の困難が生じるのか」「なぜ当事者となるのか」をテーマに、ロールプレイ（役割演技）というより寸劇（スキットあるいはドラマ）を作成し、当事者の生活上の困難と課題をパワーポイントと演劇的手法で発表する形式とした。対象は2年生であったため技術論と援助演習が相互に関連づけられた。

翌年から授業に協力してくれる教員を得て、さらに大学院生のTAの2名が加わり発表の準備を手伝ってもらった。技術論は階段式の大教室の演台で、援助演習は体育館で学生は車座になって授業を行う形式となり、また振り返りのために授業のすべてを学生が輪番でビデオ録画した。ビデオの録画は以後継続して行われ次年度の学生が発表をする時の資料として貸出されただけでなく、授業分析等の貴重な資料となった。さらに毎回リアクションペーパーを回収し、次の授業開始時に全員の前で発表班が結果をフィードバックした。それについては後述する。

3）レジュメ班・取材班・ロールプレイ班による発表の授業

技術論は、教科書の目次を13分割しレジュメ班が教科書の内容の要約を作成し、それを虫食い状態にして重要項目を参加学生が記入するようにした。そのためレジュメ班にはレジュメづくりと記入する解答のパワーポイントづくりが課せられた。なお多くの班は発表に備えて口頭の原稿も作成していた。

本授業が展開されて2年目に協力教員を得て開始されたのがビデオ取材である。取材班は教科書の内容に関連した福祉機関への訪問と、現場で使用されている援助技術と課題をビデオ取材し編集して発表する。取材班はレジュメ班との関連性を述べ、ビデオ取材した訪問の目的と取材内容と今後の課題を考察しパワーポイントで発表する。なお多くの班は補足する資料を添付し、口頭発表の原稿も作成し発表に備えた。

ロールプレイ（以下、ロープレ）班は教科書の内容に沿い社会問題化した事件ないし取材先で提示された事例をドラマのように仕立て、援助の技術を考察し、どのようにしたら未然防止ができるかを検討しパワーポイントで考察を発表した。多くの班は新聞などの関連する資料を添付し、口頭発表の原稿を作成していた。またビデオ取材先のワーカーが授業に関心を抱き、来校してロープレを鑑賞しコメントしたことも少なくなかった。

4）現場に直結し、当事者の生活を再現して現実的な未然防止を検討する授業

　一方の援助演習は、ライフサイクルを13段階に区切りライフステージ上に発生するタスクを学生が調べ、課題が達成されないとどのような社会・生活問題が生じるかを検討した。そのうえで該当する事件ないし事例を選定しロープレで再構成し、危機的状況はどうして発生したかの検討と未然防止に何が必要であったかの考察をパワーポイントで発表した。したがって各ライフステージ上のタスクが最低でも数項目検討され、ロープレによる可視化で参加学生が現代社会の生活問題を体験学習し、未然防止策を検討できた。特にロープレによる可視化は、具体的に当事者の生活状況の理解を促した。

　ちなみに本授業を計画した段階では援助演習の教科書がなく、どの養成校も手探り状態で複数の教材をミックスしながら独自に援助演習の授業を展開していた。援助演習の担当教員のほとんどは、学生にどのように教えたら良いのか、その範囲と方法に迷いを持っていたと思われる。そうした傾向を考慮して援助演習の教科書が発行されたのだろう。待望の教科書『社会福祉援助技術演習』の発行で、関係者教員の多くはまずはほっとしたはずである[1]。

　しかし実際、その教科書にのっとって授業を進めることになると筆者らは戸惑いを禁じ得なかった。確かに内容は社会福祉演習の授業で教えたい事柄ばかりである。だが筆者の所属していた養成校では、援助演習は社会福祉の導入教育の一環として位置づけられており、発行された援助演習の教科書の内容は難しすぎたのである。教科書に登場する概念を教科に入る前にまず机上で教えざるを得ず、どうしても講義形式となってしまう。つまり演習でな

くなってしまうのである。また当時は援助演習が当該養成校では半期2コマしかなかった背景も関係があろう。

5）リアクションペーパーと定期テスト、教室と現場の交互性に配慮した授業

その後、援助演習の授業時間数が倍加し援助演習がⅠ・Ⅱ・Ⅲ・Ⅳと半期4コマが可能となったので、3年次の前半のなかで教科書を用いた援助演習が実践できるようになった。つまり養成課程のなかの導入教育である援助演習Ⅰ（一般的に行われている傾聴や共感的態度等の練習）と、専門教育としての援助演習Ⅲ（教科書を使用した援助演習）、その橋渡しに本章のロールプレイ等を用いた演習Ⅱが位置づけられることになった。なお演習Ⅳは多くの養成校で実習関連科目に読み替えられ運用されることが多かったように思う。

なお技術論に関しても体系や意義や原理等としてⅠ、実践と具体的な援助の技術のⅡが構成され、それにより社会福祉の導入から実習までの流れが整理された。換言すれば、これにより養成課程の縦断的な条件は整ったのである。よって次の課題は横断的な問題、つまり学生をどのように学習にいざなうかのソフト面であった。

筆者らはその点を全員参加型の授業形態とリアクションペーパーと定期テスト、教室と現場の交互性という観点から意識的に授業を構成することにした。それらに関しては後述するとして、まずは筆者らの取り組みを2003年に行われた授業評価から見てみよう。

2．授業評価

さてここで筆者らが行った技術論Ⅱと援助演習Ⅲの授業評価（2003年大学評価委員会の報告より）を紹介しよう。これは、所属していた大学が全教員の授業を対象として、学生に任意で成績評価を終えた後に実施された。筆者の技術論Ⅱは定期テスト後に残った時間内で実施し、その場で回収したため回収率は83.9%だった。援助演習Ⅱは同じく試験後に回収予定であったが、諸

事情があって回収方法が徹底されずに夏休み明けの回収となったため31.3%の回収率となった。そのため援助演習Ⅱの授業評価は信頼度に疑問を残す。

評価は47の質問項目を「質問に該当しない」「全くそうは思わない」「そうは思わない」「どちらともいえない」「そう思う」「強くそう思う」の6段階で行われた。なお集計作業は業者委託で行った。評価は2003年に実施され2004年に教員に結果が知らされた。技術論Ⅱ、援助演習Ⅱ、専門科目総合の評価で医療福祉学部の学生合計1万4743人のうち授業コードが不明な809人を除いたものである。専門科目総合の対象となった科目は7科目で内2科目は筆者の科目である。

以下、質問項目について詳しく内容を見てみる。「この授業によく出席したか」の質問に「強くそう思う」「そう思う」の回答を合計すると技術論と援助演習ともに100%であった。専門科目総合でも90.2%がそのように回答しているので真面目な学生が多かった。養成校とはいえ、100%というのは珍しい。また「この授業に遅刻したことはない」の回答も同様の傾向を示し100%が「強くそう思う」「そう思う」としている。

「この科目に意欲的に取り組み熱心に受講した」に対して「強くそう思う」「そう思う」と回答した学生は技術論94.3%、援助演習94.4%であった。「この科目について友人とよく一緒に勉強した」は「強くそう思う」「そう思う」が技術論87.5%、援助演習84.7%であった。9割以上の学生が熱心に勉強している。

「この科目のためよく図書館を利用した」の質問の回答で「強くそう思う」「そう思う」の合計が技術論90.1%、援助演習71.8%だった。技術論と援助演習の評価に差が出ているが授業内容の相違と思われる。

「この科目はやさしかった」では「全くそう思わない」「思わない」が技術論84.8%、援助演習85.5%で、さらに「この科目で良い成績をとるのは簡単だ」の質問に「全くそう思わない」「そう思わない」と回答した学生の合計は技術論84.8%、援助演習85.5%だった。ちなみに両授業は「厳しい」と学生間では評判であったようだ。

「授業に活気があり単調でなかった」で「強くそう思う」「そう思う」の

合計が技術論 74.8%、援助演習 77.7% だった。「この科目を受講して満足だった」の回答で「強くそう思う」「そう思う」と述べたのは技術論 78.6%、援助演習 76.1% だった。「この科目を受講して今後の勉強に役立つと思う」の回答で「強くそう思う」「そう思う」の合計は技術論 93.2%、援助演習 79.2% だった。「この科目で触発されたことが多かった」の回答で「強くそう思う」「そう思う」の合計は技術論 81.6%、援助演習 70.0% だった。細部を見ていくと技術論と援助演習の評価に差が観察される。

以上の回答の傾向を考察すると、技術論と援助演習の学生の参加態度はほぼ同様であり、また満足度もほぼ同様といえるが、「今後の勉強に役立つ感」や「触発された感」は技術論が援助演習よりも高く、それは図書館利用の高さにも象徴されるだろう。なお「視覚教材の使い方は効果的であった」の質問では「強くそう思う」「そう思う」の合計が技術論 80.2%、援助演習 50.0% と 2 科目の間にはっきりと差が出ている。ビデオ取材が発表の一つに義務づけられていた技術論は、参加学生も現場取材の意義を感じたものと思えた。

なお技術論Ⅱは援助演習Ⅱの授業の半期前に実施され、技術論Ⅱで学生はパワーポイントの作成方法の指南を受け、取材先へ電話をかけ、初めて現場へ出かける経験をする。またロープレをビデオで鑑賞し、シナリオづくりからキャストを決め、劇として仕上げる経験もする。一つの発表として整合性を持たせるため頻回にグループディスカッションを行う。インターネットを利用し情報を得て、図書館で文献を探し、作成したレジュメやロープレのシナリオのチェックを教員から受け修正しなくてはならない。また資料をプリントしホチキスでとめて 230 部を発表前に準備し、AV 機器を借り出し授業を記録する。発表後も借りた機材の返却、リアクションペーパーのフィードバック等、雑多な仕事をこなす。

この雑多な仕事は援助演習よりも技術論のほうが範囲や量も多いので、必然的に負荷が高い。グループとして団結なくしては成し遂げられない状況になる。役割を分担し計画的に行動しないと 200 人以上の学生の前で恥をかくことになるかもしれないという緊張感がある。また初めての経験であるために緊張も強かったのであろう。しかし終わってみれば負荷が高かった分、強

い団結力や遂行感を得たと思われる。「今後の役に立つ感」や「触発された感」が高かったのはそうした背景が関係あろう。

　援助演習は２度目の経験ゆえに緊張も軽減され、遂行感や触発された感も低下をみたと思われる。それでも「触発された感」では専門科目総合で50.9％の学生が「触発された」と回答しているのに比して、援助演習は70.0％である。その差は無視できないだろう。

　それでは２科目に関してより詳しく学生の反応を見ていくことにしよう。

３．論文から授業を振り返る

　本節では技術論と援助演習と精神保健福祉援助実習指導に基づいて書かれた３論文から筆者らの授業の振り返りを行う。技術論の授業評価を眞口が、援助演習の授業評価を藤原が、精神保健福祉援助実習の授業評価を河村が行った。最後に大学FDの動きと合わせて考察を行う。

１）技術論Ⅱの授業アンケート結果からの考察

　「グループ学習におけるロールプレイの意義」（眞口啓介　2006年）より考察しよう。この論文は本人が強いインパクトを受けた援助技術論を振り返り、グループ学習が青年期の学生に与える影響を検討することを目的とし、グループ育成に果たすロールプレイの可能性を検討している。彼の論文で特筆すべきは技術論の３発表（レジュメ班・取材班・ロープレ班）の比較検討である。

　眞口は３グループを①発表準備前に考えたこと、②準備中に考えたこと、③発表後に考えたこと、に分け比較検討を分析している。アンケートは2005年８月に実施され回収率は87％だった。分析結果については４章を参照とする。

　眞口は「青年期の学生にとってグループ学習はグループで活動すること自体に多くの意義がある。実際、この授業で筆者が学んだことは対人関係やコミュニケーション、連絡調整や交渉すること、人に伝えることの難しさや充分に伝えられた時の満足感、またひとつの目的を達成することで味わう充実

感、おわったあとの達成感と喪失感など色々であった。このような参加型の授業は経験がなく印象深い体験であった」と述べている。さらに「そのなかでも特にロープレに強いインパクトを感じた。ロープレでは他者との関係のなかで成長する自分を実感することができた。人は社会的な存在であり、常に他者との関係のなかで成長するのだ、という原則をロープレの作成過程で味わった」と回述している。

そして「ロープレは発表全体の印象を決定するほど重大責任である。しかしロープレ班に参加したいと希望する学生はおおい」と述べ、その理由として「ロープレ班は自己を表現する機会がおおくある。つまり役割を通して自分を表現する機会がおおくある。ロープレ班が『自分が成長できた』と回答した率が高いのはそのためではないかと思う」と考察し、「他者は思い通りにならない。しかし思い通りにならなくとも他者との交流は肯定できるものであるという体験ができたことが大きい」と結び、ロープレがグループ学習に与える意義について論じている。

授業に参加した学生の生の声を担当教員がこのような形で聞くことは稀ではないかと思う。教員が企図した以上の学びを学生が実感していることに驚きを禁じ得ない。次は援助演習についての授業アンケートである。

2） 援助演習Ⅱの授業アンケート結果からの考察

「ロールプレイ体験が福祉系大学生におよぼす『変化の意味』に関する研究—K大学における社会福祉援助技術演習を通して—」（藤原真人　2006年）より考察しよう。この論文は援助演習の授業を対象に履修学生にアンケート調査を行っている。アンケートは2005年7月の定期テスト後に回収し結果を集計している。学生223人のうち有効回答は141人で回答率は63％であった。質問は36項目で後に任意の11人に26項目の半構造的インタビュー調査を行っている。調査結果については、5章を参照とする。

調査結果をまとめて藤原は「ロールプレイを体験した学生は団結による危機的状況からの克服（教師からの課題の達成）によって、どんな困難と思える状況も打破することが不可能ではないという確信（自信）を得ることができ、

今後の課題に立ち向かう姿勢を獲得できたのではないか」と述べ、「学生は授業をとおして『こんな自分でありたい』という自己将来像を明確にすることができ、さらにどのようなソーシャルワーカーでありたいかという職業アイデンティティも認識でき、授業の機能的目標を超えた自覚を促す効果も推察できた」と締めくくり、ロープレが学生個人の成長に寄与している側面を述べている。

　藤原の論文の先見性は、学生としての藤原が授業で体験した意味を明らかにした点と、TAとして授業の進行に参加し、学生のインタビューをしている点である。それは先出の眞口も同様であるが、学生である当事者の側から授業に評価を加え、その意義を明らかにした点は特筆に値するのではないかと思う。

　両者はいみじくも「ロールプレイ体験は自己成長を促す側面があり、ソーシャルワーカーの養成に貢献する」と述べている。奇しくも2論文は偶然同時期に発表されたが、授業のあり方が両者の自発性や独自性を刺激し、自己成長を促し、結果として上記の論文執筆にいたった側面も少なからずあるといえるのではないだろうか。次に精神保健福祉現場実習Ⅰ・Ⅱ・Ⅲの授業の振り返りを、学生の自己評価の変化に焦点をあてて検討した河村の論文を見ていこう。

3）精神保健福祉現場実習からの考察

　「精神保健福祉現場実習に関する研究―指導者の果たす役割とその意義―」（河村順子　2006年）より考察しよう。残念ながらこの論文の抄録を掲載することはできないが、河村は現在精神保健福祉士（PSW）として働いており、筆者の技術論Ⅱと援助演習Ⅱの授業を受けた経験を持ち、修士課程においてはTAとして授業をサポートした経験もある。また精神保健福祉現場実習Ⅰ・Ⅱ・Ⅲの補助を行い、実習報告会に向けたリハーサル等のアシストも引き受けた。そこでの経験から論文を執筆している。筆者らが行った精神保健福祉現場実習Ⅰは事前学習としてロープレ等をふんだんに用いて現場のシミュレーションを行う。さらに事後学習である実習Ⅲは、学習してきた内容を振

り返りロープレ等で再現し吟味し、気づきを深める作業を行う。その6ヶ月間の事後学習の結果を実習報告会で発表するというもので、報告会は4年間の学びの総決算という目的もある。その発表にロープレ等の演劇的手法を取り入れた発表が多数登場する。実際、河村も演劇的手法を取り入れて実習報告を行っている。

実習報告会は全国の実習担当指導者（年によって異なるも20〜40人のPSW）が集合し、学生の発表の後に講評する。そのため実習生はグループを組み頻回に集まり、パワーポイントによる理論説明と並行して、スキット（寸劇）、ロールプレイ（役割演技）やディベート（討論）方式などを取り入れ、実習中に学んだ内容を深化させ約20分の発表をする。

精神保健福祉現場実習ⅠとⅢの目的を一言で収斂できないが、あえていえば実習Ⅰで「社会福祉をめぐる多様性」、実習Ⅲで「生活者としての当事者性と学生の自己覚知」であると筆者は考えている。学生は間もなくソーシャルワーカーとして現場に出ていく。その際、最低これだけは身につけてほしい視点は「社会福祉をめぐる多様性」と「生活者としての当事者性」、そして「自己覚知の深化」ではないかと筆者らは認識している[2]。

論文に戻るが、河村は図6-1を示しながら授業に参加した学生の自己評価の変化を「学生の自己評価は実習前よりも実習後に高くなり、事後学習後に低くなっている。また実習指導者に対する認識も実習前とくらべ実習後に良い認識となり、その認識は事後学習後にやや低くなっている。それに対して大学の実習指導教員に対する認識は実習前にくらべ実習後にややよい認識になり、事後学習後にさらに良い認識になっている。学生の自己評価は実習後に高くなり、事後学習後に下がる傾向があったが、これは単純に自己否定的な意識によるものではなく、むしろ学習の中で自己洞察が行われた結果ではないかと推察される。これは精神保健福祉養成教育の在り方を考える上で重要であると思われる」と述べている。

筆者らは実習Ⅰの事前学習で、実習中は現場指導者の声に耳をすませて良く聞くように学生を指導する。ロープレ等のシミュレーションを用いて学生の実習の目的を確認させる。そして実習終了後に大学に戻れば、実習報告会

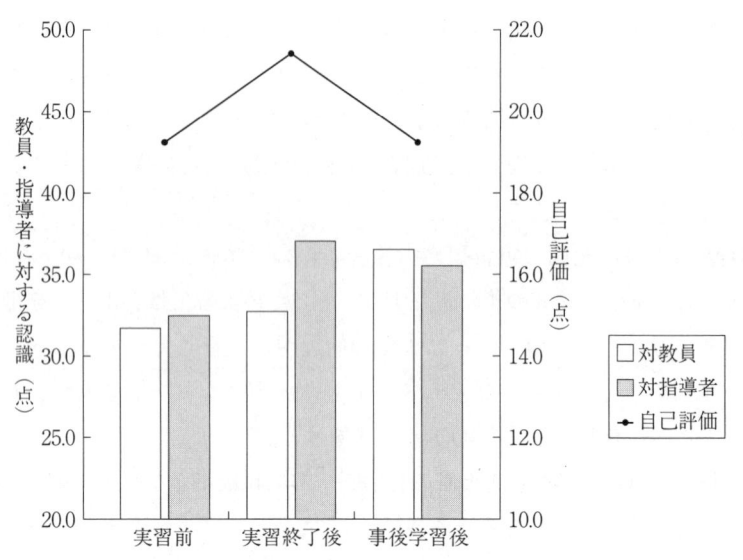

図6-1　3期における自己評価・大学教員に対する認識・現場指導者に対する認識の得点変化（N＝28）

に向けて実習Ⅲの事後学習を開始する。その際、筆者らはロープレ等の演劇的手法を多く用いながら、当事者の生活と声を思い出すように促す。それは生活者としての学生の声と自身に耳を澄ませることになる。

　このようにロープレ等による心と体を動かす学習方法を通して「社会福祉をめぐる多様性」「生活者としての当事者性」と「自己覚知の深化」を促すのである。ちなみに河村が述べる「自己洞察」はこの3点の総和を指すと思われる。

　なお河村は考察で「現場実習は教育としての教育であり、その目標は学生の『成長』である。では社会福祉専門職を目指す学生の成長とはなにか。それは長い将来にわたり実践にあって『行為』と『省察』を繰り返していく援助者としての『主体』を構築し、専門職としての『思考力』を獲得することである。」と述べている[3]。

　さらに「専門職としての『思考力』は対象者の『主体』に働きかけ、対象者が抱える複合的な生活問題を解決するための方策をともに発見し、ソー

シャルワークを展開できる能力である。また社会福祉実践において、その意味と価値について主体的な問いをもち、行動へと移すことができるような専門職としての視点ともいえる」と述べている。

河村は直接的にロープレ等の体験学習を通して進められた実習指導の結果を述べてはいないが、心と体を動かすことによって行為と省察と思考力と主体が獲得されていった、と間接的に述べていると捉えても不自然ではない。なぜなら、それらは机上の理論学習と現場実習だけで獲得することは困難だというのは明白だからである。

ちなみに、眞口論文については筆者が直接指導したが、河村論文は筆者と関与しない経過で執筆が進められ、藤原論文も指導者は筆者ではなかった。しかしながら、3論文は同時期に発表され筆者らは驚いた。偶然といえばそれまでだが、三者が主体性を欠いた状態であればこのような論文は書かれなかったのではないだろうか。

4）3論文のまとめと考察

先述したように筆者らの授業は「どうして当事者になるの？」「どうして援助の技術が必要なの？」等の質問を学生に問いかけながら展開する形式である。その目的は学習者の主体性を開発したいからである。教員からの問いかけに学生は反応して自分なりの考えを持ち、その考えを検討し、教員に答える方法を模索する。それは発表班にとどまらず、リアクションペーパーで答える形でも参加学生は主体的に授業に加わる。そのプロセスは思考力の向上や省察の深まりを促すと筆者らは捉えている。ここで筆者らの授業の最終の目的を再確認すると以下の2点となる。

(1) 学生の主体性の開発と涵養

筆者らが意図した授業の最終的な目的の1点目は、学生の主体性の開発であり涵養である。それは当事者の主体性の涵養を主な職務とするワーカーになくてはならない視点であり取り組みである。またそれは地域福祉サービスの展開過程で最も必須な視点であり、取り組みである。地域も与えられる福祉サービスの時代から、地域の主体的な活動から獲得する福祉サービスへの

変換期をむかえている。

　序章で図0-1を使って述べたが、4年間というスパンで100%大学側にあった主体と責任は段階的に学生に移譲されて、卒業時には100%学生側に引きわたされるようになる。そのため大学等の養成側は与えられた時間内で移譲する計画を立てる。それが養成教育の柱となるコア理念でありコア教育方針となる[4]。

　図0-1を援助過程におきかえても説明できる。援助者側は段階的に被援助者側に主体と責任を移譲していく。その程度およびスパンは養成課程とは異なるが基本的に同じである。

　図0-2は主体確立の交互性を示したものである。当事者の主体確立が現在の社会福祉の最も重要な課題である点に異論を唱える者はいないであろう。しかし、主体確立は目に見えないだけに学生にどのように教えるかは大変に難しい。主体性を教えようと思えば思うほど主体性は消えてしまうというパラドックスが生じる。

　そうした点を十分に配慮するのなら、教員は教え込もうとせず学生に参加を誘い、学生に責任を与え、成し遂げることを側面から支援することでかかわることになる。学習の主体は学生であるから、学生が主体となって学習できる構図を考え教育環境を整えることが、教員の仕事となるのである。養成教育の教員の基本姿勢は、教えるのではなく問題に取り組む姿勢や態度を培うことだからである[5]。

　学生と教員との関係性を例にすれば、主体確立は授業形態に象徴されるが、援助形態も同様といえよう。被援助者が援助過程の主体者であることが保障されない援助では、被援助者の基本的人権は保障されない。したがって、主体性の確立は三者同時並行的になされる必要があるが、まずは養成側が教育方法を変化させることから始めるのが妥当であろう。

(2)　当事者性の涵養

　2点目に筆者らが学生に教える内容で1番大事で1番難しい事柄として「当事者性の涵養」をあげたい。

　筆者らは経験から当事者性を学生に理解させることの困難性を痛感してき

た。当事者とは……と熱を入れて教員が語れば語るほど、学生は当事者への偏見や誤解を増幅させ、当事者から遠ざかってしまうという矛盾が生じる。当事者との直接の対話を促しても、学生の偏見や誤解はなくならないという経験もした。先述の「主体性」を教え込む時と同様の矛盾が「当事者性の涵養」にも発生してしまうのである[6]。

また当事者の人権擁護とは何か、という問いかけに学生は教科書に書いてある内容を丸暗記して答えるも「対等とは何か」や「生活の連続性とは何か」という問い、つまり応用問題にほとんどの学生が答えられないという現実にも直面した。ことばの限りを尽くしても、視聴覚教材を駆使しても、当事者との直接対話を促しても、偏見や誤解を払拭することはできないという現実を目のあたりにしたのである[7]。

以上の経験から、対象の捉え直しを行うためには通常の授業の枠を超えた新しい体験による学習が必須と考えた。ロープレ等の演劇的手法を用いた参加型の体験学習の目的と意義はそこにあった。シミュレーション（疑似体験）であっても学生が当事者としての生活を再現し体験し味わうことで初めて見えてくることがある。またその経験なしに生活者としての当事者を学生が理解し受け入れることは困難と筆者らは経験から考えた。

先出の3論文でもロープレによる経験は学生の自己成長を促す側面があることが示唆された。それはとりもなおさず他者（当事者）になりきってその生活を味わうことで、思い込みや誤解や偏った理解から自由になった、つまり新しい認識を手に入れ、現実世界に対する理解が広まったことを意味している、と捉えることが可能なのである[8]。

おりしも基礎構造改革以降の福祉サービス供給体制が変化し、当事者主体が福祉の理念の柱になった。しかし、それは学生主体の学習方法という教授方法の改革なくしては成し得ない、ということをいみじくも示唆していた[9]。

ちなみに厚生労働省が行った基礎構造改革とほぼ同時期に、文部科学省が中心になって推し進めた大学等の教育改革がある。両者とも現代社会の変化に呼応した変革であるが、次に大学FDの動きと筆者らの教授法との関係を見ていこう。

4．大学改革 FD の動き

　ここで大学をめぐる FD の動きに触れておこう。2005 年の文部科学省の「これからの大学の在り方　競争時代における大学運営そして教育・研究について」の報告書によれば、18 歳人口の減少と高等教育の見直しの必要性を、2007 年には大学・短大の収容力が 100% に達するとして、高等教育の質的変化への切りかえ時と提言し大学 FD の推奨を行っている。その理由は、多様化しつつある学習者のさまざまな需要に的確に対応するため、学校種ごとの役割・機能をふまえ教育・研究の展開と相互の接続や連携の促進を図るとともに、各学校の個性・特色を一層明確にする方向が求められる、としている。いわゆる「オンリーワン教育の推進」である。

　同志社大学・総合政策科研究科の根本則明は FD への対応を検討するセミナーで「学生をユーザーと考える視点からの大学教育の在り方」として、いくつかの貴重な考えを提示している。そこではまず「大学生の授業に対する意識」として、講義を欠席する理由で 1 番多いのが「つまらない」(58.5%) で、次に多い理由は「講義が理解できない」で内訳は「講義が下手だから」(41.4%)、「自分の学力が不足」(41.4%)、その他となっていると報告する。

　そして、授業の開発プロセスを商品開発のプロセスになぞらえ、その留意点を掲げた。それによると、学生の授業に対するニーズの変化に対応していくためには、商品としての講義のあり方のより一層の工夫が求められると述べている。その例として、パフォーマンス、ストーリーをつくる、プレゼンテーションの参加、試演による問題把握、魅力づけと期待創出など、興味ある提言を行っている[10]。

　根本は「知識伝達の体系としての講義の構成と、理解をすすめていくための講義の構成の大切さや、講義のたびにパフォーマンスの吟味と、進化する学生の期待に応える内容の深化、学生の期待の深化は異なった次元に広がり他の講義との統合をもたらし、学生と教員のリレーショナルマーケティング、つまり共創の場としての授業が求められる」と述べている。さらに「必要充

足の時代から魅力充足の時代への授業の在り方は参加・体験型の授業形態で自己成長を希求する授業モデルとなる」と今後を予測した。

　根本の論を要約すると、知識を伝達する従来型の講義形式と理解を進める演習形式の両者を計画的に組み合わせながら、しかも学生が授業に飽きない工夫として参加体験型の教授方法を取り入れ、学生が自己成長を実感し満足できるように、教員と学生が協働でつくりあげる授業を展開しなければ、大学冬の時代は厳しいものになる、ということである。

　根本の話は、まさに筆者らが追求してきた路線を筋道立て裏づけた内容で、共著者とともに驚いたことを覚えている。心理的・構造的バリアフリー化が最も希求されるのは、教員と学生の間ではないかと筆者は考えていたので、根本の話から多大な勇気を得たのである。そして筆者らの知見を広く社会福祉養成教育課程に公開する時がきたことを感じた。

≪注≫
[1] 待望の「社会福祉援助技術演習」の教科書の発行であったが、忌憚なく感想を述べれば初版（2001年版）に比べ机上で教える内容は増えても、体験から学ぶというロールプレイ等に関する記述は2005年度版でも4頁にすぎず、ロールプレイ等の学習効果を示しているにすぎない。また学生の照れ笑いへの対処方法への配慮等も十分とはいえない。
[2] 精神保健福祉現場実習では生活者としての当事者の理解が中心に据えられるも、実習生はチームアプローチのなかで精神保健福祉士の役割を施策等と関連づけながら理解し、生活者として自己覚知する能動性や主体性が最も求められる（石川 2006b）。
[3] 河村は指導者の果たす役割とその意義について「相互作用を生じさせる象徴的な他者との有機的な関係が築かれた環境において、学生は『主体』として『行為』と『省察』を行うことができる」とし「コミュニケーションの過程が自己のみならず状況をも『変化』させることを経験を通じて理解するだろう」と述べている（河村 2006：56-58頁）。
[4] 養成課程の責任に関して川廷は「福祉学教育をするのは大学の責任」と述べながら「大学における福祉学の教育とは何なのか、専門職養成教育として、根幹の問題もある」としながら「それをどう教えるのか、それを教えるって何なのか、を置き去りにしてきたような気がする」と述べている（川廷宗之〔2005〕「社会福祉養成教育における現場実習の現状と課題」『社会福祉教育年報』(2004年度版) 日本社会事業学校連盟、136-137頁）。

5) その点に関してH. グードヨンスは「教師は生徒が自主的にプランニングすることをプランする責任を持つ」ということばを紹介し、「教師は学生がテーマに取り組んだ結果として興味が生じることに配慮していく」と教師の立場を述べている（グードヨンス 2005：104頁）。
6) 当事者性の涵養に関して、中西は「当事者とはニーズを持った人のことで問題をもった人のことではない」と述べている（中西正司〔2005〕「当事者主権の時代と社会福祉・権利意識とパターナリズムの残影」『第43回社会福祉研究大会報告集　社会事業研究』44、5頁）。上野は「現代社会に必要なのは、個々人が当事者になり、自分自身の人生に対する主権を行使することではないだろうか」と述べている（中西・上野 2003：205頁）。生活問題の連続性を可視化するロールプレイは学生の当事者性の涵養に必須であると筆者らは考えている。
7) 人権擁護の意味理解に関して、教員が「人権擁護」を学生に教えるという行為そのものに「問題」が含まれるパラドックスが発生する。それは「当事者主体」も同様である。その点を井門は「役割体験では体験による活動を通して学習者の自己フォーカス機能が生成され『自覚状態』が強化される」と述べている（井門 2002：201頁）。多元的な意味理解は新たな教育方法を希求しているといえよう。
8) ロープレの人間成長を促す力に関して、教育系と看護学系のジャーナルに多々の論文が掲載されているが社会福祉系では国立国会図書館の検索では見当たらない。「ロールプレイは現実の一断面を含んだ虚構的で試行的な行為を可能にし、行為と探究の持続的な同時性のなかで矛盾や問題の原因・構造・結果を洞察することを可能にする」とのことばをH. グードヨンスは紹介している（グードヨンス 2005：151頁）。
9) 学生主体の学習方法に関して、佐藤は「社会福祉援助技術演習は単に出席していれば何かを得られるものではなく、学生が主体的に参加することによって学習の意義がある」として「学ぶ者が主体的に学習に参加することが不可欠となる」と述べている（佐藤 2004：125頁）。また「行為する授業は教師と学生が自立した個人として尊重しあい、与えられた責任を果たしてひとつの授業に取り組むことで、生活から学習を取り出すことである」とのことばをH. グードヨンスは紹介している（グードヨンス 2005：179頁）。
10) 根本則明〔2006〕「学生をユーザーと考える視点からの大学教育の在り方」川崎医療福祉大学　大学改革（FD）研修会配布資料から抜粋。

7章

授業の実際

(石川瞭子)

1. 社会福祉援助技術論Ⅱの実際

　以下は2005年の春学期に行われた社会福祉援助技術論(以下、技術論)Ⅱの授業である。1項では実際の授業を振り返り、2項でリアクションペーパーを振り返り、3項で定期テストと授業の質を担保する周辺の諸条件を検討したい。

1) 技術論の振り返り
　本授業は履修学生が2年生237人で、それを無作為に39分割し13グループにした。1グループは7人前後で3グループを1班とした。1コマに3グループの発表があるので1班の発表は20人前後となる。なお本授業は選択で必修ではないが、社会福祉士および精神保健福祉士の国家試験受験においては必修科目とされている。

　なお対象となった学生は1年次の秋学期に技術論Ⅰの講義を受け、2年の秋学期に技術論Ⅲの講義が予定されていた。いわば社会福祉援助技術論Ⅱの授業は、ⅠとⅢの両科目を履修するという前提のもとに実施された。2005年の教員は筆者と共著者の長崎と佐藤量子、またTAとして藤原の4人だった。

　細部を見ていこう。表7-1の左側からコマ数、レジュメ班の内容、取材班の取材先、ロープレ班のテーマである。半期16コマのうち3～15コマ中

表7-1 社会福祉援助技術論Ⅱ（2005年）

コマ数	レジュメ班の内容	取材班の取材先	ロープレ班のテーマ
1	オリエンテーション　授業の目的・構成　班分け　第1班の練習		
2	第1班の発表の準備と第2班・3班の練習		
3	社会福祉援助技術と直接援助技術	学内の現場出身の教員／社会福祉協議会等への取材	ソーシャルワーク場面／良い援助と悪い援助のロープレ
4	直接援助技術の体系の過程	図書館で文献やビデオ／戦後から現在の福祉の歴史	戦後復興と人々の生活困難／戦災孤児のロープレ
5	ケースワークの実践過程	病院のSMW／インフォームドコンセントの取材	終末期のがん患者の家族の死の受容のロープレ
6	グループワークの実践過程	断酒会の活動／セルフヘルプグループの取材	アルコール依存患者の家族／断酒することの困難と生活苦
7	直接援助技術と適応場面	児童相談所／虐待支援専門員への取材	児童虐待の被害児にどのような支援方法が求められるか
8	直接援助技術と記録	病院SMW／記録の種類と記述の取材	事件・災害等と患者家族／障害受容のロープレ
9	直接援助技術と効果測定	老健施設のワーカー／デイサービス等への取材	老人福祉関連施設でのある日の出来事のロープレ
10	直接援助技術とスーパービジョン	児童療護院・A院／医療と福祉の実際の取材	児童相談所のワーカーのスーパービジョンのロープレ
11	コミュニティワークの内容と性格	Aケアマネージャーの1日の活動の取材	身体拘束で高齢者死亡の事件をもとにロープレ
12	コミュニティワークの理論と技術	高齢者施策と老人保健施設の取材	ニーズキャッチの方法のSWのロープレ
13	社会福祉の調査法の理論と技術	社会福祉協議会と地域の資源の調査と取材	住民の合意形成の難しさ連携の難しさのロープレ
14	社会福祉計画の技術	岡山市障害者プランの取材	施設建設の反対運動と当事者とSWとのロープレ
15	社会福祉運営の技術と地域生活支援・内緒	精神科病院／PSWの仕事の取材	精神障害者の人権問題は入退院の悪循環のロープレ
16	定期テスト「社会福祉の援助過程においてなぜ援助の技術が必要なのか5項目あげて詳述せよ。その際、教科書と授業参加体験を織りまぜて論ぜよ」記述式　B4サイズ		

の13コマを3グループの発表で構成する。そのコマのなかで特に大事なのが最初のオリエンテーションである。そこではまず、授業の目的と進行と定期テストの位置づけや出席・遅刻に関するとりきめ等と、ロープレの参加態度が成績にどのように反映するかを明記したプリントを渡し説明する（図7-1）。また前年度の授業風景のビデオを見せ、レジュメのサンプル（図7-2、7-3）を提示し、同時にパワーポイント操作の指南をする。並びに所属するグループを提示し、グループリーダーを決め、電話連絡網を作成するように指導し、さっそく1班の打ち合わせを実施する。

　2回目のコマは1班・2班・3班の進行チェックを行う。特に最初の1班の発表はそれ以降の発表に大きな影響を与えるので、最低でも3回以上チェックし完成度をあげる。2班以降はそれに刺激され学生自らが頻回に集まり完成度をあげようと練習をする。初回に達成モデルを見せることで、参加学生の努力目標を確認させるのである。

　3回目の授業で1班の3グループの発表が始まる。その授業に参加した多くの学生は越えなくてはならないハードルを確認し、グループの自己組織化をする。それに関しては後述の「リアクションペーパーの反応」で詳述している。1班の発表が終わると、授業後の90分を使用して2班と3班のチェックと練習を行う。教員が行うチェックと指導はこの時間が主となり、その他はTAが中心に行う。学生が自ら取り組み修正して完成度をあげるように、自発性を喚起する。

　表7-1に戻り実際の授業の流れを見ると、学生は当初、大学内の他の専門科目の教員にアドバイスを得たり、図書館で資料を調べたりと身近な範囲で行動している。そして次第に関係機関に出向きインタビューを行い行政機関で取材したりしながら、終盤では最も学生が知りたい領域に踏み込んで取材し内容をロープレにも反映させている。

　また当初のレジュメは文章だけの緊張があふれた固い内容であったが、7班あたりではイラスト等を組み込んだ楽しいレジュメとなっている。さらに終盤の13班の発表ではレジュメ班のレジュメも取材班のビデオもロープレ班の資料も整合性があり、参加学生に配慮したさまざまな視覚的な工夫や学

社会福祉援助技術論Ⅲ　2年次春学期　木曜日五限　　担当教員　石川瞭子・長崎和則
進行スケジュール　教室は4603室　4限から使用許可

4月7日　　グループ結成、連絡網作成、グループリーダー決定後報告　1班の打ち合わせ
4月14日　　1班と2班の練習　パワーポイントとレジュメとロープレ等のチェック　3班の打ち
　　　　　合わせ
4月21日　　1班発表　社会福祉援助技術と直接援助技術　2・4班の打ち合わせ
4月28日　　2班発表　直接援助技術の体系の過程　3・5班の打ち合わせ
5月12日　　3班発表　ケースワークの実践過程　4・6班の打ち合わせ
5月19日　　4班発表　グループワークの実践過程　5・7班の打ち合わせ
5月26日　　5班発表　直接援助技術と適応場面　6・8班の打ち合わせ
6月2日　　 6班発表　直接援助技術と記録　　7・9班の打ち合わせ
6月9日　　 7班発表　直接援助技術と効果測定　8・10班の打ち合わせ
6月16日　　8班発表　直接援助技術とスーパービジョン　9・11班の打ち合わせ
6月23日　　9班発表　コミュニティワークの内容と性格　10・12班の打ち合わせ
6月30日　　10班発表　コミュニティワークの理論と技術　11・13班の打ち合わせ
7月7日　　 11班発表　社会福祉の調査法の理論と技術　12班の打ち合わせと内緒班結成
7月14日　　12班発表　社会福祉計画の技術　13班の打ち合わせと内緒打ち合わせ
7月21日　　13班発表　社会福祉運営の技術と地域生活支援・内緒[注]

（1）発表は3班の合同発表とする。発表時間は各班20分、合計60分とする。
（2）発表は教科書のレジュメ、レジュメのパワーポイント、ロープレないしビデオ報告等の3本の組み合わせとする。施設訪問し職員のインタビューをビデオで報告する等を歓迎する。
（3）各班は発表1週間前にレジュメ・パワーポイント等のチェックを教員から受ける。
（4）練習および打ち合わせ場所として〇〇教室を利用すること。3班が合同で進行。
（5）4月14日には全班の内容を渡す。グループリーダーは4603教室に取りに来て。
（6）毎回リアクションペーパーをとる。次の授業へ反映する。参加型の授業形態とする。
（7）3発表班の代表リーダーは発表に関するリアクションを次の授業の冒頭で行う。
（8）大学の使用は夜10時まで。教室の使用の責任はとること。ゴミなどの持ち帰り等。
（9）レジュメの印刷は10階印刷室で。印刷申込み書を前の週に石川から受け取ること。
（10）発表次班は7階支援センターに行き、マイク4本とアンプ2個（A班）、8ミリビデオ撮影機器のセッティング（B班）、当日の発表班の手伝いとレジュメのセット等（C班）が行うものとする。そして翌日の返却に責任をとること。
（11）アンプ室の鍵は2階教務課でかりて発表班が責任をもって次班に渡し次班は返却する。

●途中の入室を禁じる。授業の妨げになるので遅刻・早退は禁じる。ビデオ録画し保存しているので私語をしない。発表班もそれ以外の学生も真剣に授業に参加すること。
●教員とTAは多忙ゆえに決められた時間外では対応できない点に留意すること。木曜日の3時半から指定班のチェック、5時半過ぎに次班の指導を行う。それ以外は指導できないので発表班ははやめに発表の準備をすること。
●発表内容の不出来さによっては発表を途中で中止する場合もありうる。その場合、単位に影響する可能性がある。
●履修登録後にグループメンバーが少なくなる場合がある。いっぽう、編入生が参加する可能性がある。

図7-1　初日に配布するスケジュール表

注）"内緒"は学生が最後に行う打ち上げのデモンストレーションを指す。有志によるデモンストレーションは、教員やTAが全く関与せず、毎回大いに盛り上がる。

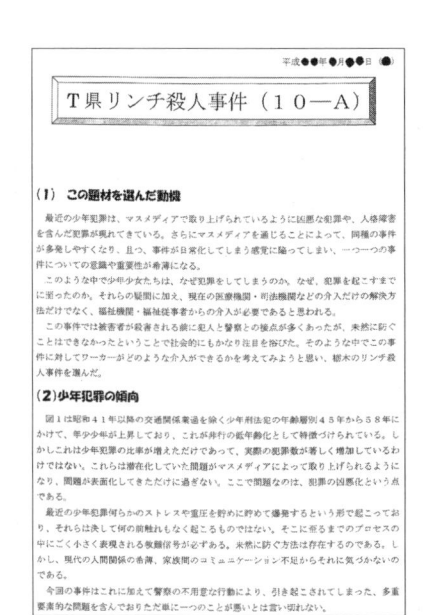

図7-2　参考になるレジュメのサンプル

図7-3　添付する新聞等のサンプル

習上の配慮が見られるようになる。

　ここからは技術論の授業全体の進行に影響を与えたファクターの一つとして、「リアクションペーパー」と「定期テスト」の関係から本授業を振り返る。なお本授業に登場する「ロープレ」に関する振り返りは援助演習の授業として後述する。

2）リアクションペーパーから授業を振り返る

　技術論Ⅱの学生の反応は、4章の眞口が述べているとおりである。ここでは授業ごとのリアクションペーパーから学生の反応を分析しよう。なお授業が開始されて9班までのリアクションペーパーは出席カードの裏面に記述していた。10班以後はA6の用紙に、①今日の授業で学んだことを以下に要約しなさい、②今日の授業で考えたことを以下に要約しなさい、③その他の感想があれば以下の余白に記入してください、の3項目に分けて記述する方

式を取り入れた。

　リアクションペーパーの書式を変更した理由は、学習意図を明確にする目的と、考えと感情を分けて記述することで学生が自らを吟味するという目的があった。ここでは、1班と中盤の7班と最終回の13班のリアクションを分析し大まかに述べる。本授業で回収したリアクションペーパーは、全部のコマが完全に保存されている。分析は全体としての文意をくみ取る方式で類型化した。

(1)　各班のリアクションペーパー
【1班のリアクションペーパー】
　1班の発表の内容は「社会福祉援助技術と直接援助技術」で、教科書の第1章にあたる内容である。取材班は学内の教員2人にインタビューして、「ソーシャルワーク場面とはどのようなものか」を取材している。ロープレ班は、「ソーシャルワーク場面で良い援助と悪い援助」を二つの場面で演じている。1班の発表は2年生になって初めての参加体験型の授業であり、学生らの戸惑いが色濃く出ているも教員らに支えられながら懸命に任務を果たそうと努力していた。その授業後のリアクションペーパーの結果である。

　リアクションは206人から得られ、回収率は99.76%であった。発表者は21名でリアクションは記入していない。参加学生のリアクションは大きく分けて七つに分類できた。①わかりやすかった118人（55.66%）、②すごい！すばらしい！51人（24.0%）、③良くできていた19人（8.9%）、④頑張っていた9人（4.2%）、⑤まとまっていた7人（3.3%）、⑥内容が濃い6人（2.8%）、⑦良い勉強になった2人（0.9%）であった。

　発表に関して参加学生は全体的に肯定的な反応である。1番多かった「わかりやすかった」は他の授業にない工夫があったための反応と思われるも、2番目に多い「すごい！すばらしい！」は参加学生の感性に何らかの響くものがあったと示唆される。感嘆符を複数つけた記述も少なくない。また大半の学生が今後越えなくてはならないハードルを意識し、先陣をきった1班の発表者らに敬意を示していると受けとれた。

【7班のリアクションペーパー】

　中盤の7班の発表は、「直接援助技術と効果測定」で教科書の7章が担当である。取材班は老健施設のワーカーに取材しデイサービス等のプログラムの効果測定の実際に触れている。ロープレ班は「老人福祉関連施設でのある日の出来事」と題してロープレを作成している。その授業が終わってのリアクションペーパーの反応は以下のとおりである。

　1番多かった反応は「わかりやすかった」98人（47.57%）で、以下「ロープレがうまくいかなかったが全体としてよかった」39人（18.87%）、「頑張った」28人（13.59%）、「ロープレがうまくいかず残念だった」22人（10.67%）、「ロープレが駄目だった」19人（9.30%）と続いた。7班はロープレがうまくいかず途中で教員からの指導が入った。その経過を発表班だけでなく9割以上の参加学生が自分たちの問題として捉えながらも、よかった点を強調し、発表グループを支持している。そのリアクションペーパーからは、教室が情緒を共有する一つのまとまりのある集団として機能しつつあることが示唆された。

【13班のリアクションペーパー】

　最後の13班の発表は「社会福祉運営の技術と地域生活支援」で教科書の13章が担当である。地域生活支援の実際を精神科病院に取材にいき精神保健福祉士にインタビューし社会福祉運営を考察している。そのインタビューのなかに出てきた「入退院の悪循環」をロープレ班が演じ、精神障害者の退院後の生活から再入院のパターンを検討している。

　その発表の1番多いリアクションは、社会福祉援助技術の技術に関する記述227人（100%）で、偏見や差別に関する記述98人（51.35%）、社会資源に関する記述80人（33.75%）と続き、ロープレへの感想を述べたのは162人（68.35%）で「迫真の演技だったのでよく理解できた」と多くが述べていた。

　なお13班の発表に対するリアクションペーパーの書式は、先出の3項目に分けて記述する新しい方式で行われている。新しい書式にしてからロープレの感想に偏りがちだったリアクションの内容が、学習意図を要約して記述するようになり、また考えたことと感じたことを分けて記述し吟味すること

ができるようになった。それにより教員は学生の学習内容の定着を確認することができるようになった。リアクションペーパーの新しい書式は10班から開始されたが、それに伴い発表はより整理され洗練されていったのである。

13班のリアクションを再度眺めてみよう。社会福祉の援助技術に関して参加した全員が質問①に応えて援助技術に関する記述をしている。次の「偏見や差別」に関する記述と「社会資源」に関する記述は、質問②に応えて学生が考えた内容であり、反応は大きく二つに分かれたようだ。ロープレに関する記述は、質問③に応えて記述した内容だが約7割の学生が「迫真の演技だったのでよく理解できた」等の感想を述べている。

リアクションペーパーは出席カードを兼ねるので回収率はほぼ100%で、毎回のように学生は忌憚のない意見を記述していた。リアクションペーパーが成績に反映されないことを学生はオリエンテーション時に告知されていたということもあろう。学生の意見や感想は内容によらず、次の回の授業前に教員の反省を含めて全学生にフィードバックされた。教員と学生との交流はリアクションペーパーをとおして構築されていった部分も無視できない。

(2) リアクションペーパーの分析の考察

授業を開始した当初、教員の求めるハードルの高さに学生は緊張し、強い不安からグループの結束を固めていった。多岐にわたる役割を手順よくこなしていくには、全員が役割を分担し責任を全うしなければならない。このように負荷が高い授業は他にない。また教員はハードルを示すものの、学生自身が考え行動し演じるように導く。参加における自由度が高い分、選択に伴う責任も大きい。学生は選択に伴う責任が全くないが、参加もなく自由もない授業になれているので戸惑うのである。

しかし本授業では関係教員がチームとなり学生グループを支え、発表まで3～5回も学生の相談にのり学生の真剣さにつき合う。学生は指導をへて教員との信頼関係を構築し、その信頼を土台に緊張ある発表をこなしていく。ときに失敗や教員との対立もあるが、そうしたプロセスこそがこの授業の目的でもあるので、機会を捉えて議論を行った。

ちなみに本授業をへて対人関係やコミュニケーション、連絡調整や交渉す

ること、一つの目的を達成したことによる達成感や充実感、終わった後の喪失感等を味わうと眞口は述べている。また、その印象は参加学生の多くが抱いていたと眞口も報告をしている。授業運営は教員にとっても大変に負荷が高いが、その分高い学習効果が得られるといえよう。

そうした教員と学生のソフトの交流の他に、定期テストではシビアな評定を行っている。定期テストの目的は学習したことが学生に定着しているかの確認であるが、同時に試験の準備のプロセスで経験の振り返りを行うことでもある。それでは次に授業のなかに定期テストがどのような位置にあるかを説明しよう。

3）技術論の定期テストと録画したビデオによる授業評価

教員が①定期テスト、②収録ビデオを振り返り技術論の授業の評価を行い、次年度の計画を立てる過程を報告する。なお定期テストの試験内容は2週間前に告知されているため学生は教科書を復習し授業体験を振り返り、両者を合わせてレポートにしあげ、それらを丸暗記して試験に臨む。試験はB4用紙に縦30行の記述式で、最初の3行に総論、22行に各論、のこり5行にまとめを記述するように事前に指導した。

リアクションペーパー記述も定期テスト記述もソーシャルワーク実践と同等であり、利用者側に立ってサービスは提供されるべきという理念を学生に要求している。この答案方式は読み手である教員が、書き手の本意を効率よく正確にくみ取ることができる方式である。またソーシャルサービスはさまざまな制限のなかで行われる実践であるから、枠内で最大限に努力する姿勢が大切である、と学生に伝えてある。そのようなプロセスをへて実行されたリアクションペーパーと定期テストである。学生は記述する方法でも授業に参加し続ける。定期テストは多くの学生が周到な準備をして臨む。それでは実際の定期テストの回答を振り返ってみよう。

【定期テスト「社会福祉の援助過程においてなぜ援助の技術が必要なのか5項目あげて詳述せよ。その際、教科書と授業参加体験を織りまぜて論ぜよ」】

サンプルとして手元にあった3人の答案から学生の学習の傾向を推察する。

答案は1200字程度で記されているので、総論とまとめは割愛せず載せるが、各論は項目だけを記すとする。補足では全体の発表のなかの回答者の位置とグループ内の役割を記し、全体の文意を記してある。また、最後に学生④のまとめを紹介しよう。

> **答案サンプル　学生①**
> （総論）　援助の技術はどの領域で働くかで必要となる知識や技術は違ってくる。しかし利用者と個別に関わる援助者にとっても、地域福祉や福祉の運営管理に携わる者にとっても、共通して必要となる技術や知識が存在する。両者にとって不可欠な知識や技術として、次の4項目で説明を行い、最後にまとめを行う。
> （各論）
> ①複雑多様なニーズの把握と理解のために援助の技術が必要である。
> ②経験の不足しているワーカーの能力を最大限に活かすために技術が必要である。
> ③援助の結果を踏まえ援助方法を発展させていくために援助の技術は必要である。
> ④当事者とサービス提供者との関係を構築するために技術が必要である。
> （まとめ）　人々が生活していく上で遭遇する様々な困難や障害に対し、これらの問題を援助者同士の連携や協働の作業を成立させるために援助の技術が必要である。緩和・解決することが援助の目的である。それは社会福祉援助技術を実践する援助者自身の知的な判断によってなされる行為であり人権に直接関与する。このため援助者は専門的な視点を持ち、一定の理論と技術をもって仕事をする必要がある。授業で学習した様々な援助方法を組み合わせ、取り入れていくためには、幅広い知識と福祉に限らず医療や保健等の他機関や他職種との連携も必要になる。これらを含めた総合的な援助が最終的によりよい援助につながると感じた。

（補足）学生①は4班のロープレ班に属し、保健所で開催されている断酒会に出向き取材した内容をロープレしている。断酒会では「人間回復・人間改革・社会回復」の3段階の回復のプロセスがあることを踏まえ、実際にロープレをしてその過程が一筋縄ではいかないことを学生①は知る。そして援助のプロセスは多様な機関の連携が必須であることを学び、この回答となったと思われる。

> **答案サンプル　学生②**
> （総論）　社会福祉援助技術の内容について春学期の授業で学んだ。これからはなぜ社会

福祉の援助の技術が必要なのか5項目挙げて自分なりに以下に述べる。
(各論)
①多様化する利用者のニーズに応えるため援助の技術は必要である。
②利用者の問題解決への潜在的能力を発見するために援助技術は必要である。
③多様な社会資源を取り入れエンパワーメントするために援助の技術は必要である。
④援助者が利用者に関わる時に「冷めた頭と熱い心」をもつため援助の技術は必要である。
⑤サービス体系を個別化し組み合わせ連携や協働するために援助の技術が必要である。
(まとめ) 援助の技術は種類も多く利用者に合わせて適切に選択する必要がある。援助の技術は人と環境の間に入り社会関係が円滑に動くように個別的で多様な方法が開発されたのだろう。社会福祉の援助過程において人間の力と環境の力が重要なのではないだろうか。これは利用者の自立支援に繋がることであり、社会福祉の援助の技術は必要である。

(補足) 学生②は8班の発表でレジュメ班に属していた。学生②の答案のなかに何度か「試行錯誤が必要」という文が出てくる。また「援助者は利用者の自信を回復する支援が必要」「援助者は協働で環境に働きかける必要」「利用者の感情を受け止める必要」などのことばも並ぶ。学生②はそれらを授業の参加をとおして学んだと報告している。

答案サンプル　学生③
(総論) 社会福祉の援助過程において援助の技術は利用者の人権とニーズを考える上でなくてはならないものであり、利用者と援助者との信頼関係を築くうえでも援助の技術は必要である。援助過程において具体的に技術の必要性を以下の5項目から述べる。
(各論)
①利用者の権利の擁護に援助の技術が必要である。
②個別性の尊重のために援助の技術が必要である。
③利用者の自己決定のために援助の技術が必要。
④自立支援の過程に援助の技術が必要である。
⑤利用者の自己実現のために援助の技術が必要。
(まとめ) 以上の5項目の援助の技術は、利用者と援助者の信頼関係を築き利用者のニーズを考え支援する上でなくてはならないものである。福祉の援助者の立場からまず利用者を第一に考え、利用者が生活上の困難をとりのぞき生きがいと感動をもって生きられるように援助することが大切である。そして援助者は、利用者が自己実現できるように支援し続けることが必要である。

（補足）学生③は5班「直接援助技術と適応場面」のロープレ班である。学生③はロープレで虐待される子を演じ、権利擁護が援助の技術にまず必要であると着目している。さらに学生③は虐待をした母親を責めるのではなく、背後に個別的な問題がある点を指摘し、自立支援の際に自己決定の必要性と自立のための援助が不可欠であると述べている。学生③は最後に利用者の自己実現の重要性と合わせて、援助者の自己覚知の重要性を授業から学んだと記している。

答案サンプル　学生④
（まとめ）　教科書と体験学習から5項目について深く学ぶことができた。援助を展開していく上では様々な技術が必要であり、ワーカーだけでなく他の専門職や社会との関わりの中で、援助を行っていることがわかった。授業では、一つのことを学び伝えることの難しさを知っただけではなく、自分たちが少しは成長したように感じられた。また一人でするのではなく仲間でやることの大切さ、楽しさを感じることができた。この体験は今後にとても役立つだろう。

　定期テストの回答を全体として検討すると、教科書の目次に従い体験学習と絡ませて、回答している学生が多かった。学生①と学生②と学生③の回答をミックスしたような回答がほとんどで、利用者に働きかける側面と援助者に働きかける側面と社会に働きかける側面を併記しながら、全体として社会福祉をめぐる今日的な課題であるエンパワーメントに言及している。
　正直いって筆者らは、全学生の回答の全体的な質の高さに接して、学生の潜在能力に気づかされた。2年生の春学期にここまでの成長を見せた学生に驚きを禁じえなかった。そして学生の成長を支えたのは、ロープレ等のグループ発表を組み込んだ授業とリアクションペーパーや定期テストを意識的に配置した授業の構成条件に理由があるのではないか、と考えた。学生④がいみじくも述べているように、「仲間でやることの大切さ、楽しさ」が授業の質を担保したと考えられた。それは授業評価や眞口の指摘と一致する。
【授業の収録ビデオと評価（エバリュエーション）】
　授業を収録したビデオは全巻保存され、授業の事後評価になくてはならな

いサンプルとなっている。さらに次年度の授業の進行を考える素材でもあり、教員の配置やカリキュラム作成時における本授業の位置を検討する時にもなくてはならない。また次年度の学生の参考資料でもある。収録したビデオは用い方によって広がりのある資源であると筆者は認識している。たとえば福祉社会を形成するために地域住民と収録したビデオをともに鑑賞し、福祉教育のあり方や人材育成について議論する材料等になりうる。今後この点に関して研究を進めたいと思っている。

そして夏休みをはさんで開始されたのが援助演習の授業である。学生は技術論の経験からテンションをあげてこの授業にのぞむ。援助演習の授業もリアクションペーパーと定期テストおよびロープレのシナリオの分析から授業の考察を行う。

2．社会福祉援助技術演習Ⅱ、「ライフサイクル上に発生する危機場面の再構成」

本節は①授業の概要、②10班の発表を振り返る、③ロープレのシナリオから本授業を振り返り、最後にまとめを行う。ロープレを中心に進める体験学習の社会福祉援助技術演習（以下、援助演習）Ⅱの授業は多くの場合、技術論の後の半年に行われる。学生は技術論の授業でもロープレが発表されるので、ロープレとは何かのイメージを持っている。だが援助演習では基本的にロープレへの腰の入れ方が技術論とは異なることをオリエンテーションで知る。

1）援助演習の授業の概要

援助演習は技術論と同様に3班の発表で1コマが構成される。発表者は無作為に選ばれた3グループ約20人程度で、「ライフサイクル上に発生する危機場面の再構成」をドラマ仕立てのロープレで発表する。3班のうち1班は30分を使用し人生の発達課題がクリアできないとどのような社会福祉的な問題が発生するかについて報告する。残りの2班がそのうちの二つのテーマ

でロープレを作成し、事件の背景を分析し、それらの危機を未然に防止するにはどうしたら良いか、の考察をパワーポイントで行う。

　演習の授業は多くの場合、体育館や武道場などの広いスペースを使用し、学生は車座に座る。パワーポイントを使用する場合は機材を資材センターから学生が運び、準備する。マイクを6本と二つのアンプと記録用のビデオを運び、音量の調節を行いビデオのセッティングを次班が行う。また下足班をつくり体育館に入る学生が上履きに履きかえるのを体育館の前に立って見張るなども分担して行う。

　ロープレ班は多くの場合、小道具や時には大道具を事前に用意し会場に運び込んでいる。たとえば冷蔵庫を使用する場合、近所のスーパーで段ボールをもらってきて冷蔵庫のように仕立てる。高齢者が登場する場合、学生の祖父母が愛着している野良着や手ぬぐいや使用している農具を持参して臨場感を高める工夫をする。

　教員はオリエンテーション時に、越えなくてはならないハードルを前年度の学生のビデオを見せることで提示する。また次班には音響や記録の準備が課せられていること、ロープレを含むリハーサルの予定やレジュメ等の準備を行う手順について詳細に指示する。なお発表は全員が何らかの役割を平等に持ち、均等に役割が回るようにグループ内で配慮をするように促す。全員で役割を全うすることの意義を説明する。

　学生は新聞などから実際にあった事件等を例としてロープレに仕上げるが、その際、素因・環境因（問題の発生要因・維持要因・拡大要因）を分析し、どの段階でどのように介入すれば未然防止が可能か社会資源との関係で検討し提案する。

　ロープレの意義は体験することで当事者の生活を身近なものとしてイメージできるようになること、当事者の生活と学生の生活は連続線上にあり学生のなかにある当事者性に気づくこと、そこでの援助をする際の専門性や技術をイメージできるようになること、および事例を分析する過程で未然防止に何が必要か考察することであると説明し、授業開始後も折に触れ言及する。ロープレ班は約10分の発表の後に事例の解説と考察を述べる。

表7-2は13段階に分けたライフサイクル上のステージとライフタスク、およびその社会資源で社会問題となっている生活上の問題の一覧である。社会的事件は時代の移り変わりで変化するので、担当学生がメディア等で調べることを勧める。多くの学生はメディアやネット等から情報を集め、話題性のある社会問題を取り上げる傾向がある。

表7-2の一覧は学生には提示しない。教員が学生に指示するのは13段階のライフステージで、そこにあるライフタスクやタスクが達成されないとどのような社会福祉的な問題が発生するかは学生に考えさせ、社会資源の検討を未然防止との関係で考えさせる。なお技術論と同様に、オリエンテーションと授業準備と定期テストで3コマを使用し全部で16コマ行う。

2）授業での発表と検討

半期前に技術論を学習しているので学生は教科書を振り返りながら、また参考となる情報を集めて、関連する社会資源と問題を組み合わせていく。また当事者の事件前の生活を再現することで、未然防止の機会がどこにあったのかを体験から考える。それでは以下において、10班の発表を実際のレジュメ班とロープレ班の資料をもとに検討する。

(1) レジュメ班「前期高齢期の危機場面」

以下にまずはレジュメ班の取り組みを紹介する。

前期高齢期の危機

（はじめに）前期高齢期は65歳から74歳までの高齢者をいう。老年期には他の時期に比べ様々な「喪失」を体験しやすいといわれる。これらの喪失体験は、歳をとるにつれて生じる社会的・身体的・心理的環境の変化が大きく関与していると考えられる。このことから私たちは前期高齢期の危機場面として①老々介護、②孤独死、③高齢者犯罪、④悪徳商法の四つをとりあげる。

「老々介護」に関しては①「老々介護とは」の定義、②「老々介護の現状」のデータをあげて説明し、③「老々介護の問題点」として当事者だけでなく様々な生活問題が同時期に発生すると述べ、④「対策としてフォーマル・インフォーマルを含めてあらゆる社会資源の活用」をあげている。なお実際の内容は省く。

「孤独死」阪神淡路大震災で話題になった高齢者の孤独死問題は過去の問題でない

表7-2 ライフサイクル上のタスクと発生する危機

	ライフステージ	ライフタスク	社会資源	社会的事件
1	結婚期	親からの独立 自我同一性	結婚相談所 保健所・病院	結婚詐欺・マリッジブルー・ED・家族同士の対立・ストーカー殺人・若年結婚・成田離婚・略奪結婚ほか
2	妊娠期	親密になること 性愛・自我同一性	保健所 産婦人科 母子保健センター	若年妊娠・高齢妊娠・予定外妊娠・望まない妊娠・染色体異常児の検査・不妊治療・妊娠中毒症ほか
3	出産期	夫婦関係の調整 母子保健	産婦人科 保健所 母子保健センター	障害児出産・マタニティーブルー・堕胎や中絶・エイズ・代理母・死産・流産・育児放棄・人工授精・里親ほか
4	新生児期	夫婦間の調整 新しい家族関係	小児科・児童施設 保健所・乳児院	障害の宣告・育児困難・育児放棄・実家の抗争・育児ノイローゼ・新生児の癌・実家の過剰介入・赤ちゃんポストほか
5	乳幼児期	親としての同一性 基本的信頼関係	保健所・小児科 保育園・幼稚園等	発達障害・小児癌・児童虐待・母乳がでない・小児の事故・保護遺棄・幼児連れ去り事件・幼児突然死症候群ほか
6	児童期	同胞との関係構築 親子関係の変化	学校・児童館・学童保育所・児童相談所	不登校・ネットいじめ・校内暴力・校内ナイフ事件・発達障害・集団不適応・児童虐待・少女買春ほか
7	思春期	親からの心理的自立 友人関係・社会性	中学校・スクールカウンセラー・教育相談室・警察署	いじめ自殺・非行・犯罪・生徒間暴力・引きこもり・援助交際・少女買春・家庭内暴力・家出ほか
8	青年期	親からの自立独立、自我同一性達成	高校・大学・児相・精神保健センター・警察署ほか	ネット犯罪・引きこもり・精神疾患・殺人等犯罪・摂食障害・リストカット・家庭内暴力・家屋放火事件・ニートほか
9	成人期	生活自立・自己実現、社会的自立、親密・性愛、結婚	結婚相談所・婦人相談所・シェルター・家庭裁判所・警察署	ストーカー殺人・性暴力・薬物依存・性依存症・テクノストレス・DV・結婚詐欺・ネット自殺・引きこもりほか
10	中年期	自己実現・親としての同一性獲得 社会的同一性・人生のまとめ	婦人相談所・福祉事務所・精神科病院・保健所・警察署・家裁	リストラによるうつ病・薬物依存・DV・離婚抗争・ローン地獄・一家心中・放火殺人・癌ノイローゼ・若年性認知症ほか

11	前期高齢期	喪失体験からの回復 人生の再挑戦・再学習	精神科・社会福祉協議会・老健施設・生涯学習センター・サロン	退職うつ病・慢性疾患・孤独死・脳血管疾患・多重債務・認知症・引きこもり・高齢者犯罪・不定愁訴・空の巣症候群ほか
12	後期高齢期	死の準備・人生の統合 遺産分配・墓の準備	病院・老健施設保健所・社会福祉協議会・民生委員・地区老人会	認知症・高齢者の自殺・老人虐待・孤独死・振り込め詐欺・老々介護・リフォーム詐欺・高齢化に伴う喪失体験ほか
13	死期	死の受容・喪失の受容 遺族の生活の再編成	ホスピス・老人病院・民生委員・保健所	ターミナルケア・尊厳死・高額医療費・臓器移植・延命治療・医療事故・遺言をめぐるトラブル・遺産相続裁判ほか

として新しいデータとともに関連する新聞記事を添付し、孤独死の背景を分析している。

「高齢者犯罪」に関して、下関駅放火事件をとりあげ新聞の一部をコピーし、高齢者の犯罪が増加している現状をデータで示し、その対策に言及している。

「悪徳商法」では新聞のコピーを添付しリフォーム詐欺やふりこめ詐欺が多発している現状を報告し、その背景に高齢者の孤独があると報告している。

(考察&まとめ) 今回私たちは前期高齢者の危機場面を四つ取り上げ調べた。はじめに述べたとおり高齢になるとさまざまな喪失を体験する。身体的あるいは精神的な健康、家事や仕事、活動の機会や役割、生甲斐などを失ったり、家族・友人・知人など人との離別を体験することが多くなる。こうした身体的・精神的な喪失体験や、住環境・経済的喪失・家族や隣人の人間関係の喪失などが原因となって家に閉じこもりがちになる。閉じこもりは身体機能を低下させ、廃用症候群や孤独を招き、ひいては寝たきりや認知症の症状を重くすることがありうる。

人生の終盤である高齢期には孤独・喪失、悲しみといったネガティブな感情が発生しやすいのだが、それを知ったうえでそこへのソーシャルワークの介入方法を具体的に知ることが重要であると感じた。

サポートするには身近な他者の存在が必要である。たとえば町内会・ボランティア等の活動への参加、子どもの登下校の見守り、子もりなど地域の関わりあいに参加することやサロン・デイサービスなどといった他者との関わりを持てる場所に自分から参加することも必要だが、近隣からもいつでも助け合える関係を作ることが大切だと思った。

そのためサロンなど高齢者自身が集まり話せる場所を作ったり、地域の広報誌などで集まりや話し合いの機会を告知したり、他の機関の協力や集まれる場所の提供を

してもらうなどソーシャルワーカーの役割が重要になってくる。またソーシャルワーカーだけでなく家族・民生委員の地域の人々が協力し合うことが必要であると思った。

　上記が10班の報告班の説明で、それを受けて他の2班がロープレを作成している。ロープレA班の老々介護とロープレB班の悪徳商法は、具体的な事例に即してシナリオを作成している。シナリオを作成する前に事件がなぜ起きたのかをグループ全体で話し合い、それを受けてレジュメとシナリオを作成した。まずは老々介護のA班から紹介しょう。
(2)　ロープレA班　前期高齢期「老々介護　福井県の高齢者夫婦火葬場心中事件の背景」
　A班は2005年11月に福井県で実際に発生した事件の背景をさまざまなメディア等の情報を集めて考察し、ロープレで場面を再構成し、演じてみた経験から未然防止にはどのような対策が必要だったかを考察し報告している。A班のレジュメをまず見てみよう。
　前期高齢期の危機場面「老々介護・福井県の老夫婦火葬場心中事件の背景」というタイトルで始まり、「はじめに」でこのように記されている。

> (はじめに)　私たちは前期高齢期の危機を考えたとき、定年退職、老々介護、定年離婚、孤独死や生甲斐をなくしたことによる鬱などをあげました。そのなかでも特にテレビや新聞で取り上げられている老々介護の問題でロープレをすることにしました。老々介護の問題は今後も増加することが予測され、将来自分の親や自分自身にも起こりうる問題です。そしてワーカーとして働いていくかもしれない私たちにとって、援助する上で知識を身につけておく必要があります。皆さんも一緒に考えてください。

　次に老々介護の定義（省略）を述べてロープレの登場人物（夫・妻のトメ・夫の妹・ヘルパー・近所の人2人・ナレーター）を紹介し、ナレーターがナレーションを開始し場面を説明した。

ロープレA班　シナリオ

（ナレーション　夫72歳と妻トメ70歳と2人暮らしをしていた。2人には子どもがいなかった。隣町には夫の妹67歳が住んでいた。夫は腰痛もちで自分の体力に不安を感じていた。妻トメは認知症による徘徊を繰り返していた。最初は近所を徘徊する程度であったが、徐々に症状は悪化して徘徊の距離・回数とも増えていった。また近所に迷惑をかける行為も増えて、夫だけではどうしようもなくなっていた。）

自宅近くの路上の設定　　スポットの電気が夫を追いかける

夫　おーい、トメ。またどこかいったんかー。どこにいったんかー。おーい、トメー。

住民①　どうされたんですか。（舞台に電気）

夫　すまないのう。うちの家内を見ませんでしたかのう？

住民①　見ませんでしたけど……。

住民②　私も見ていないけど……。奥さんどうかされたんですか？

夫　妻がちょっといなくなってしまったんじゃ。いや、見ていないんならいいんじゃけど。もし見かけたら教えてくれんかのうぉ。

住民①　わかりました。見つかるといいですね。

夫　すみませんなぁ。それじゃ……。（夫　舞台から去る）

住民②　こんな遅い時間におばあちゃんひとりでお出かけかしら。

住民①　この前、おばあちゃんにあったけど、なにかボケているみたいだったわよ。

住民②　そうなの。ボケって何をするか分からないでしょ？

住民①　ちゃんと面倒をみてくれないと困るわよね。

住民②　怖いわー。おじいちゃん一人で大丈夫かしら。

電気が消えてスポット

（ナレーション　この後も夫は妻を探し続けたが見つからなかった。冬にもかかわらず薄着のまま歩いていた妻トメは、たまたま通りがかった警察官に保護された。妻トメは自宅から2キロ離れた交番で保護されていた。この騒ぎをきっかけに妹に交番から電話がいき、妹は警察官から「様子をみてやってくれ」と頼まれた。しばらくして妹が訪ねてきた）

自宅で。妹が登場。戸をあけるガラガラという音。

妹　お兄さんいるわねー。私よ。

夫　はーい。どちらさんかのう。おぉ、久しぶりじゃのぉ。どうした？

妹　ちょっとぉ。どうしたもこうしたもないわよ。トメさんのこと。

夫　トメがどうしたんじゃ？

妹　交番のお巡りさんがトメさんを保護したって聞いたわよ。またなの！

夫　あぁ、そのことかぁ……。

妹　警察の人からお兄さんひとりで介護するのは大変だから面倒みてあげれんか、っていわれたわ。

夫　それはすまんかったのぉ。
妹　絶対に嫌だからね。一緒に暮らしてトメさんの面倒をみるなんて。私だって家庭があるから大変なのわかるでしょ。
夫　そりゃ分かっとるんじゃが、ワシだって大変なんじゃ……。
妹　そんなこと言ったって！トメさんの介護は大変なのはわかるけど。だったら施設に入れたらどうなの。どうせまた近所に迷惑かけるんだから、もう施設に入れなさいよ。
夫　トメを施設になんか入れるなんてことはワシにはできん。そんなかわいそうなことを言うんじゃったら、ワシが面倒をみるから。
妹　じゃあ、今の状態はなんなのよ。一人じゃできないじゃない。施設に入れたくなかったらヘルパーにでも頼んだら。手伝ってもらいなさいよ。私たちには絶対に迷惑かけないで。今度なにかあったら施設に入れてもらいますからね。
電気消す。妹が帰る。ヘルパーが登場する。電気つく。

（ナレーション　こうして妹や近所に迷惑をかけられないとヘルパーを頼むことにした。）

ヘルパー　こんにちは。ヘルパーです。
夫　はーい。これはどうぞ入ってください。
ヘルパー　よろしくお願いします。ヘルパーです。トメさんこんにちは。よろしく。
妻　誰だったかな。まあ、よういらっしゃいました。ゆっくり座りんせえ。
ヘルパー　お構いなく。ではさっそく昼食の準備をしましょう。今日の献立はひじきの煮ものとサバの味噌煮と味噌汁ですけどいいですか。
夫　ええのぉ。久し振りにうまい飯が食えそうじゃ。
舞台はヘルパーが料理を作る場面。暫くしてトメが歩いてヘルパーに近づき大声を出す。
妻　あんた。人の家の台所で何やっとんじゃ。あんたもぼっとしとらんで何か言って。この人、勝手に人の台所に入っておる。
夫　何を言っておるんじゃ。新しく来てくださったヘルパーさんじゃろが。
妻　そんなの知らんわ。訳の分らん人に台所なんぞ入ってほしくない。出てけっ。
（妻は手当たり次第に物をヘルパーめがけて投げた。夫が止める）
ヘルパー　うぁ……。（物が当たったところをなぜながら痛そうに）
妻　もう帰れ。帰れっ！あんたは何しに来おったんじゃ。帰ってくれぇ。
夫　落ち着け。頼むから落ち着いてくれ。（妻を抱え込んでヘルパーに謝る）
ヘルパー　トメさん。私はヘルパーで今料理を作っているのですよ。
妻　帰れ。帰れ。はよう帰れ。（再びものを投げようとする）
夫　（止めようとする夫）頼むから落ち着け。
妻ともみあう夫。電気が消える。

（ナレーション　妻トメはヘルパーを認知することができず客として迎えていた。それから何回かヘルパーは訪れたが、妻の機嫌は悪く態度も悪かった。夫はこれ以上、ヘ

ルパーに迷惑をかけてはいけないと思い、ヘルパー派遣を断った。)
(部屋の中。イスに座っている夫にスポットライトが当たる。妻は部屋をうろうろ。)
夫　おい、うろうろせんと少し落ち着いてくれ。(立ち上がって妻を座らせようとする)
妻　なんじゃ。(怒ったように)
夫　ちょっとおとなしく座ってくれ。
妻　……。(イスに座るがすぐに立ち上がりうろうろ)
　　わしの財布がない。ここに置いたはずなんじゃが。ない。ない。(探す動作)(夫の背中を揺すって) わしの財布を盗ったでしょ。返してよ。返してよ。
夫　お前の財布をワシは知らんぞ。
妻　嘘言うんじゃない。あんた以外誰が盗るんじゃ。返して。返してよ。
夫　(立ち上がり財布を探して)ここにあるじゃないか。
妻　なんでここにあるんじゃ。こんなところに財布を置いておらん。
夫　あったんだからいいじゃないか。(夫は大きくため息をつく)
　　トメはなんでこんなになってしもうたのじゃ……(独り言のように)
(妻が冷蔵庫の中をあさり始める。食材をばらまく)
夫　何をしよるんじゃ。こんな散らかして。
妻　飯をくっとるんじゃ。
夫　さっき食べたばかりじゃが。何をしておるんじゃ。こんなに散らかしてしもうて。(かたづける夫)
妻　母さんが呼んでおる。母さんがわしを呼んでおる。(妻は徘徊を始める)
(妻は家を出て道路に出ていく。住民①と住民②に出会う。)
住民①　あら、トメさん。今日はひとりですか。
妻　あら? それはわしのバックじゃ。返せ。(住民①のバックをひったくろうとする)
住民①　これは私のバックです。何するんですか。やめてください。
夫　(あわてて駆けてきて)すみません。ほんまにすみません。(妻をなだめつつ連れ去る)
住民①　すいませんじゃ済まないわよ。奥さんの面倒をしっかり見てよ。(後ろから浴びせるように)
住民②　早く施設にでも入れるか、引っ越すかしてくださいよ。迷惑よ。(不愉快そうに)
(電気落とす)
(ナレーション　夫は騒ぐ妻を何とかなだめて家に連れて帰った。しかし息つく暇もなく妻トメは騒ぎだした。)
妻　誰かが見ておる。あそこで見ておる。(バンバンとテーブルを叩く)
夫　誰も見ていないが。ちゃんと見てみい。もううるさいんじゃ。静かにしてくれ。
(夫は妻のテーブルを叩く手を押さえる)
妻　わしは殺される。殺されるう。あいつに殺される。

夫　もううるさいんじゃ……。もうええ加減にせえ。(強く妻の手を振り払う)
妻　あんたもわしを犬畜生と思っておるんじゃろ。死んでしもうたらええと思っておるんじゃろ。もうわしなんか生きておってもしかたがないんじゃあ。死んだほうがましゃ。(大きな声でわめく)
(ナレーション　近所のトラブルと妻のこの言葉をきっかけに夫はこれからの生活に限界を感じた。)
(電気をスポットにして夫が舞台に浮かび上がる)
夫　今まで懸命に介護をしてきおったのに。今までの苦労は何だったんじゃ。これからどう生きていけばいいんじゃ。(頭を掻きむしりながら)もう考えとうない。こんなこといつまで続くんじゃ。わしも限界や。限界や……。
頭上から声がする。住民①　引っ越してくれないかしら。妹　さっさと施設に入れなさいよ。住民②　近所にいると迷惑よ……。
(ナレーション　まわりに迷惑をかけられないという思い、妻への深いいたわり、何もできない苦しみ、妻を一人にできない……そんな思いで疲れ切った夫は吸い込まれるように心中への一歩を踏み出した。妻と一緒に死のうと決心した夫は妻を連れてかつて火葬場だった場所に向かった。石油の入ったポリタンクを持参して。)
(遺書のパワーポイント「みなさんにお世話になりました。ありがとう。これ以上迷惑をかけたくないので二人で死にます。」)
(場面　火葬場　横たわる二人　スポットライト　BGMにクラシック音楽)
夫　あのなあ、ワシ一人ではどうすることもできんかった。もしこのまま生活を続けたらワシはお前に辛い思いをさせる。お前を大切だと思っている今の気持ちが変わる前に一緒に死んでしもうたほうがええと思ったんじゃ。わしの勝手な考えじゃけど、こうすることしか思いつかんかった。ごめなん……。
妻　ええよ……。(妻は悟ったように静かに頷く)
夫　お前と出会って50年。わしは幸せだった。ありがとう。ありがとう。これからもずっと一緒だからな……。死んでも天国で二人、楽しく暮らそうなぁ。(ポリタンクの灯油をかける　舞台が暗くなる　マッチを擦る音と小さな光)
(ナレーション　こうして二人は息を引き取りました。警察の調査によると止めた車から大音量のクラシック(ベートーベン第九)が流れていたといいます。それは誰かに助けてくれという意思表示ではなかったでしょうか。このロープレは2005年に福井県で実際に起きた事件をもとに作成しました。)

　以上が10班ロープレA班のシナリオである。ロープレが終了すると発表の総括としてパワーポイントとレジュメの説明がある。福井の老夫婦の心中事件の背景を学生なりに分析し、未然防止に何が必要だったかの考察を述べ

ている。以下は学生のレジュメを記す。

ロープレA班　高齢者心中事件の分析

（素因）①平均寿命が延びたこと、②被介護者の高齢化・介護者の高齢化、③ライフスタイル・ライフサイクルが変化したこと、④福祉サービスの情報不足、⑤家父長制による夫が妻を介護して責任をとる風潮が残っていた点、⑥老人だけの家族が増えて地域近隣にも介護する人材が不足している点、⑦老夫婦が地域から孤立していた。

（発生要因）①夫婦の間に子どもがいなかった、②妻が認知症になり徘徊を繰り返すようになった、③妻は要介護状態であった、④夫はつねに妻を見ていなければならなかった、⑤妻は次第に重症になっていった。

（維持要因）①周りの人からサポートがなく夫一人が介護をしていた、②夫が妻を施設に入れることをいやがった、③夫は腰が悪く十分に介護ができなかった、④福祉サービスを受けることが恥ずかしいと思っていた、⑤妻の介護は夫の役割だと思い込んでいた、⑥ヘルパーを頼んでも生活の改善がなかった。

（拡大要因）①頼りの妹が介護の手助けを断りサポートしなかった、②近隣のひとに迷惑をかけられないと思っていた、③妻とヘルパーがうまくいかずヘルパーを断った、④夫が妻を施設に入れることを断った。

（考察）老夫婦が地域から孤立してサポートが受けられない社会状況、家父長制の因習が色濃く残る地域特性、夫の他人には頼れないという性格や施設に入れたら妻がかわいそうという思いや、妻が次第に変わっていく姿を受け入れられないという感情がこの問題を発生させてしまった。

（まとめ）老人だけの所帯に対して事前のきめ細やかな対応が必要で、どのような生活を送っているか、生活する上で困っていることはないか、根気よく関わるプロセスで高齢者にわかりやすい説明と同意を形成し問題を早期発見し、必要があれば他機関等の援助も求めていく必要がある。

　以上が実際のロープレA班のレジュメの内容である。事件の報道の新聞記事が添付されている。素因・発生要因・維持要因・拡大要因の分析は担当教員からの指導を受けるも、学生が学生なりの視点で分析することを勧めた。その過程をロープレの練習をしながらグループディスカッションすることで未然防止を体験として実感できるのである。

　このようにロープレが発表されると参加学生はさまざまな感想を抱く。3点のリアクションペーパーから感想を総括しよう。

リアクションペーパー①

（1）今日の授業で学んだことを以下に要約しなさい（以下略）。

　　前期高齢期というのは65歳から74歳までをいう。老齢期には「喪失」を体験しやすい。社会的・心理的・身体的・環境の変化などが大きい。危機場面としては老々介護・孤独死・高齢者犯罪・悪徳商法の被害などがあげられる。それらを防ぐためには身近な地域の人々のかかわりが重要になる。

（2）事例をあげて未然に防止するには何が必要だったか考えなさい（以下略）。

　　老夫婦の心中事件。この老夫婦は社会的に孤立してしまい、どこにも頼れない状況になっていた。これ以上どうにもできないと葛藤し悩み心中を図った。これを防ぐためには社協などのコミュニティワークや地域支援センターによる援助が不可欠である。またそこでかかわっていく人が認知症について十分な知識を持っていることが不可欠だと感じた。

（3）その他の感想を記入してください（以下略）。

　　ロープレが良かったです。

リアクションペーパー②

（1）高齢者は身体的・精神的な喪失体験や住環境、経済的喪失、家族や近隣の慣れ親しんだ人々との関係の喪失などが原因となって家に閉じこもりがちになる。そして寝たきりや認知症の症状を重くしてしまうことがある。ネガティブな感情が生じやすい。高齢期には集まりや話し合い等の参加をよびかけ、他機関への働きかけをするソーシャルワーカーの役割が大事になる。

（2）老々介護。周囲の人々の協力の不足とこの夫婦の福祉サービスの情報の不足が大きな事件発生の要因となったと思う。周囲の人々が夫の大変さに気づき少しでも協力し、福祉サービスをもっと上手に活用できたらこのような結果にならなかったと思う。

（3）年明けの発表で大変だったと思います。お疲れ様でした。レジュメがわかりやすかったと思います。

リアクションペーパー③

（1）老々介護の介護者のうち78.6％が何らかの心身症を訴えているため、そちらに対する援助も必要である。高齢者の犯罪が10年前の3倍であり先進諸国の中でも急速に増加している点、一度犯罪を起こすと仕事に就くなどが大変に困難になる点が再犯を行ってしまう原因になっていると思う。

（2）老々介護。ヘルパーが介入できなかった時点でヘルパーが他機関と連携してその結果を見続け、別の介入方法を考えることができたと思います。また地域の偏見などがなければ夫婦の心中には至らなかったのではないかと思います。妻だけを施設に入れることがいやだったら、夫婦で一緒にという選択肢も教えてあげるワーカーの存在

も必要だったと思います。
（3）ロープレが良かったです。

　以上が10班のロープレA班の発表の感想である。次はロープレB班の内容である。
(3)　ロープレB班「リフォーム詐欺事件　高齢者を狙う詐欺事件の背景」
　B班の学生は、当時話題となっていたリフォーム詐欺と高齢者問題をあげ論じている。
　事件の概要は以下の内容であり、B班では当時（2005年11月）の新聞記事をレジュメに添付し報告していた。

> 埼玉県に住む認知症の80歳と78歳の老姉妹がリフォーム詐欺の被害にあい、全財産を失い家も競売にかけられた。14業者がむらがり『白アリ駆除』『床下調湿』などの不要な契約を結び、老姉妹の全財産を奪い自宅も競売にかけた。近所の住民が気づいて市役所と警察署に届けでて事件が明るみになった。姉妹は家が競売にかかっていることも理解できない状態で、年金も業者が引き落としていたという事件で、市役所は成年後見人制度を市長が裁判所に申しでて姉妹の財産の保護をサポートすることになった。

　この事件を参考にB班はロープレ（考察に概略あり、ここでは省略）して以下のように事例を分析している。レジュメを紹介しよう。

（はじめに）私たちが前期高齢者の危機場面ということでまず考えたのは熟年離婚、孤独死、老々介護でした。そして調べていくうちに老人を狙った犯罪は社会福祉に関係があることを知りました。そのなかでも私たちがロールプレイをしようと思ったのは、今や全国で問題となりマスコミでも取りあげられている老人を狙ったリフォーム詐欺です。この問題をとりあげた理由は、背景に少子高齢化、地域コミュニティ力の低下、老人の一人暮らし等がかかわっているからです。そこで現在の高齢者の孤独な生活の現状を踏まえたうえでロールプレイを進めてみたいと思います。

　このように登場人物とキャストを紹介し10分のロープレを行っている。

ロープレは前掲の事件ではなくオリジナルなシナリオを作成し、演じた経験から学生は以下のように事例分析を進めている。

リフォーム詐欺と高齢者問題の考察

（素因）現在は孤独な老人が増えている。少子高齢化は地域コミュニティ力の低下を招き、特に都市部においては「隣人の顔がみえない」というコミュニティの希薄な人間関係性が顕著となっており、農村部においても若者がほとんど都市に出てしまい、子どもと老人ばかりという村も増えている。それがリフォーム詐欺等の犯罪者にとって狙いやすい環境になっている。老人世帯の増加、独居老人世帯の増加など何かの問題が生じても相談できるひとが身近にいないため、自分の財産の管理に無防備であることが素因であろう。

（環境要因）この事件をもとに発生から拡大までの要因を検討する。
(1) 発生要因　話し相手がほしかった。さみしかった。心身の衰えがあり判断できなかった。
(2) 維持要因　親しい親族がおらず孤独だった。だれにも頼れなかった。
(3) 拡大要因　高齢化社会。地域に老人世帯が増えたため地域力が落ちて犯罪者が狙いやすかった。一般的に高齢者は金持ちである。

（考察）このロープレのケースは長年連れ添った妻を亡くした高齢男性が、娘からも同居を拒まれ孤独になった。さらに唯一の話し相手のウメを亡くしたことにより地域との関わりを完全になくしてしまった。そんなときに訪ねてきた悪徳業者に自分の話しを真剣に聞いてもらい警戒心を抱くこともなくだまされてしまった。略

　老人の生活の危機を考える上で重要なことは無防備・無関心・孤独である。特に詐欺被害の根底には孤独があり、被害にあった老人は「親切に話を聞いてくれた」「親身に相談に乗ってくれた」と犯人について話しており、日頃より社会から隔離され孤独であったところに犯罪者がつけこんだことがわかった。

　しかし近年、高齢者の意識も大きく変わり家族との同居を望む一人暮らしの老人は18％しかいない。これは核家族の増加、老人の持っているプライドや人生観等が関係している。そしてその老人特有のプライド（強がり）が騙されたことを隠してしまい、犯罪を拡大させてしまう原因の一つになっている。

　そこでB班が考えたことは地域のコミュニティを確立すること、一人暮らしの老人が無防備にならないために趣味の会やボランティア活動等に老人を誘い込むこと、つぎに成年後見制度を普及させること、そのためには市役所等にあるパンフレットを老人にも分かりやすくし、普及啓発を行う必要がある等である。そして最後に一番大切なことは老人を孤独にさせないこと、地域ぐるみで老人を見守る社会にするためにソーシャルワーカーが関わっていくことだと思いました。

以上で10班のA・B・Cの各班の発表は終わった。リアクションペーパーを一つだけ紹介しよう。

> リアクションペーパー
> 　家族や地域との関係が希薄になった高齢者は寂しさにつけこまれ、悪徳商法に騙されやすい。これを防ぐには法・制度を整備するとともに、近隣の意識を高め、ソーシャルワーカーが積極的に情報を集め、地域とのつながりが切れた高齢者を把握していく必要がある。ロープレから高齢者問題の悲惨さがよく伝わってきた。

　以上のようなリアクションがほとんどであった。学生にとって年齢が離れているために最も遠い存在であり、理解や共感が持ちにくい高齢者の生活上の問題を同じ学生が演じることを通して、身近な問題として学習しているプロセスがこのリアクションペーパーで良くわかる。当事者の日常生活を再現する過程で学生は社会生活上の問題や矛盾を発見する。

　援助演習だけでなく技術論においても時事問題をロープレで扱っているが、事例研究の一方法として当事者の生活の全体性を検討してほしいという教育的な意図がある。当事者の日常生活を再現しながら、社会生活における問題や矛盾に学生は気づき、援助をするうえで何が必要かを検討することができる。なお援助演習の定期テストについては以下に述べる。

3）援助演習の定期テスト

　手元に残っていたものを以下に記す。この学生は援助演習の意義を以下のように感じていた。細目は省略する。
【援助演習定期テスト「援助演習の意義と目的を5項目挙げて論ぜよ」】

> 定期テスト回答①
> ①今まで学んできた社会福祉原論などの知識や技術を実際に活用していくことで、その意味を深く理解するために援助演習は必要である。
> ②自らが当事者という役割を演じていくことで当事者の感情に共感し、彼らのニーズとは何かについて考えるために、援助演習は必要である。

> ③自己覚知し他者のなかでの自分を確かめていくために、援助演習は必要である。
> ④グループとしての活動のなかで皆の多様な考えを知ること、お互いの人間的な理解を深めていくために援助演習の授業は必要である。
> ⑤真剣な目で見られるなかで自己表現することの大切さを学ぶために、援助演習の授業は必要である。

学生はこれらの項目に授業で経験した事柄を絡ませながら、最後に「まとめ」として以下のように論じている。

> （まとめ）援助演習は疑似体験であり現実とは違う点も多い。しかしその中で自らが何かを学び、どこを伸ばしていったら良いかを考えるきっかけになると思う。人間の苦しみや悲しみに触れることはしんどいことである。しかしどのような状況であれ、人間らしく生きていくことができるように支援していくことが可能であれば、これ以上の喜びはない。ワーカーとはこのような可能性を信じることができる人間ではないだろうか。それを学んでいくのが援助演習の場ではないだろうか。

この学生は認知症の家族の苦悩をロープレしたが、どちらかというとロープレが苦手なほうであった。なお答案用紙に以下のようなリアクションを寄せた学生がいる。

> 定期テスト裏面に記されたリアクション
> 今回の体験学習を通して様々なことを学びました。なかでも一番大きかったことは集団のために自分から進んで行動できるようになったことです。今までは何かしなくてはならないようなことが起こったとき、誰かがしてくれるのを待っていました。しかし今回のグループワークを通して自ら進んで行うことを知りました。ありがとうございました。

この学生はどちらかというと積極的に勉学に参加するタイプではなかった。学生がこのような感想を記述すること自体が筆者らにとっては驚きだった。学生を変化させたのは学生が振り返っているように、ロープレ等を用いたグループ学習発表という授業形態であったと思われる。なお上記2名の学生は現在、社会福祉の現場でワーカーとして働いている。

ちなみに筆者は、技術論と援助演習と援助技術実習（以下、実習）の三者の関係について以下のように考えている。図7-4は実習で学ぶことを学生に説明する時に用いる概念図であるが、この図は技術論と援助演習との関係を説明する時も有用である。まず実習から説明しよう。

　実習は24日にわたる校外学習であるが、社会福祉士・精神保健福祉士の国家試験の受験資格の条件である。実習の学習は4本の柱で説明できる。図の縦軸が時間軸で実習期間、横軸が学習内容である。時間の経過とともに学習内容の軸足が移動する。

　実習開始時は①社会福祉の法制度や歴史等の理解が2分の1、②福祉専門職の機能と目的等が2分の1であるが、半分を過ぎる頃には①と②に加えて③当事者理解と④学生の自己覚知が4分の1ずつとなり、実習の最終では③当事者理解と④学生の自己覚知が2分の1ずつとなるのが理想的ではないかと筆者らは考えている。つまり実習の時間経過によって学習する内容の軸足が移動するも、それらは全体として理解されることが必要であることを図7-4で示している。なお図は技術論と援助演習の学習手順の説明にも応用できる。次に図を用いて技術論と援助演習と実習の相互性に触れて本章の締めとしたい。

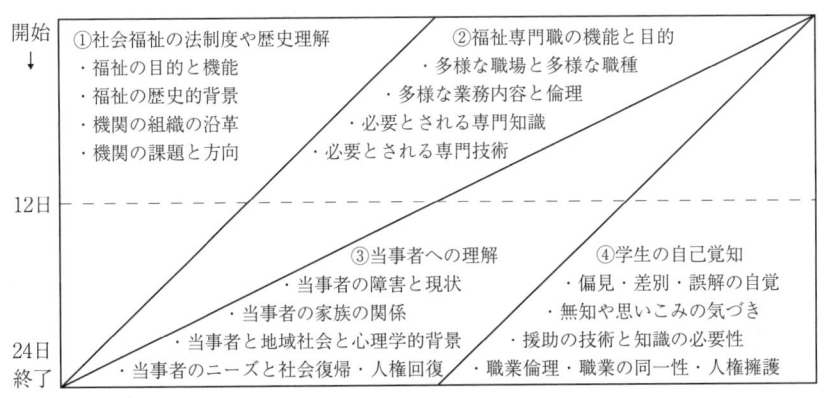

図7-4　社会福祉援助技術現場実習で学ぶ4本の柱との時間経過

3．技術論と援助演習と実習の相互性

　再度、図7-4を用いて技術論と援助演習の学習の進行を説明しよう。筆者は図の上半分が技術論、下半分が援助演習の学習内容を指し示すと考えている。つまり技術論は社会福祉の法制度や歴史等の理解に軸足を置きながら、社会福祉の専門職の機能と技術を絡ませ、当事者と学生の理解を促す準備を行う。次の援助演習では社会福祉の周辺の概念と専門職についての機能と技術をほぼ理解しているものとして、当事者の生活や援助者としての学生の自己覚知を促すことに軸足を置いて学習を進める[1]。

　そのような前提条件が担保されて「実習」は、現場という器のなかで学生が教室で学習した技術論や援助実習の学びを再検討・再吟味し、自らの理解と知識を定着させることであるといえる。換言すれば、技術論と援助演習の学習内容を実習は24日180時間で再びなぞることである、といえる。つまり技術論は図の上半分を1年半かけて左から右になぞることであり、援助演習は図の下半分を1年半かけて左から右にかけてなぞることであり、実習は両者を24日180時間でなぞることであるといえよう。なお実習の事前学習は図の右上から左下に向かう斜線の半分までを指し、事後学習は半分から左下に向かう斜線を90時間かけて振り返ることではないかと思う[2]。

　このように考えると、技術論と援助演習と実習の三者の相互性がはっきりし、次の専門課程に橋渡しする準備として機能することができるといえる。本稿では紙幅の関係で実習指導に関して細部を論じることができないが、実はロープレ等を用いた演劇的手法こそ三者をつなぐ手掛かりとなるのではないかと考えている。

　その理由は実習中に体験したことを再吟味し、体験としての意味づけを理念や理論との整合性を持たせて心身に定着させるために、ロープレ等の演劇的手法を用いて総合的に理解を進めることが必要だからである。対象を深く認識し、全身でわかるという経験が不可欠なのである[3]。

　なぜなら自己とは常に社会関係のなかで再構築されていくものであり、そ

のためには心と身、体験と知識の相互作用への気づきが必須となる。それら
は机上の理論学習ではなかなか獲得しにくい。技術論と援助演習と実習の学
びを深化するために三者の相互性を促す鍵となるのが、ロープレ等の演劇的
手法ではないかと筆者は考えている[4]。

≪注≫

[1] 技術論・援助演習・実習の関連性に関して松川は「福祉教育を大学教育の中でどのように位置づけているのか、社会福祉士の実践力が不足しているといわれている」と報告し、「技術と知識の習得が非常に重要になってくる」と述べ「技術論と演習と実習の関連性だけでなく他の講義系課目との関連も考えていかねばならない」として教職員研修の重要性を説いている(松川敏道〔2004〕「ソーシャルワーカー養成教育における教員研修のあり方」『社会福祉年報』〔2003年度版〕日本社会事業学校連盟、82-84頁)。3科目の関連性と一貫教育に関して10年間議論が続いている。

[2] 実習指導に関してM.ドゥエルは実践で要求される力量つまりコンピテンス(意思疎通・促進・計画評価・協働等の六つ)をどのように実習指導で具体的な内容として実現させるかが大切であるとして、基本的に必要とされる七つの要素をあげている。特徴の一つにポートフォリオに学生の学習プロセスをまとめさせ評価を自らに行わせる点にある。そして随所にロールプレイ等のグループ体験学習の機会が設けられている(ドゥエル他 2002)。実習の指導に関しても実習時間の増加とともに議論が続いている。

[3] 対象を深く認識するために演劇的手法が有効であるという点に関して、渡部は「対象を深く認識し"全身で分かる"という経験を教師と生徒がともに学ぶなかで"味わう"ことがなによりも大切なことである。その意味からすれば、教師自身が学び続けている姿を生徒に示すことが、なによりの教育力を発揮する」と述べている(渡部 2001:21-23、200頁)。また井門は「シミュレーションやロールプレイ、ゲームなどは模擬的・間接的体験を活用して対象の理解や問題解決を図る方法である」と述べている(井門 2002、2007)。現在、その他多数の実践例が報告されている。

[4] 机上の理論学習の限界について、渡部は1974年の「ユネスコ国際教育勧告」をあげて以下のように述べている。「現実生活に深く根差した問題に取り組むことを通して子どもたちの批判的理性を育もうと企図する勧告の趣旨は、獲得型の学習にとり組むことを通してはじめて現実のものになるといえるだろう」(渡部 2001:18頁)。堀越は「ソーシャルワーク実践の力量を高めるための取り組みが求められている」として「疑似経験を増やすこと」を挙げている(堀越 2002:4-11頁)。

8章

演劇的手法を用いた社会福祉の養成課程
―その他の場合―

(石川瞭子／佐藤光子)

　ここまでは、筆者らがK大学で行ってきた技術論・援助演習・実習の3授業を振り返った。ここからは筆者が行った①通信制A大学、②社会福祉養成校のB専門学校、③社会福祉法人「かしの木」の職員研修でのロープレを用いた研修を振り返り、ロープレ等の体験学習の意義を検討してみたい。まず通信制A大学について述べる。

1. 通信制大学A大学Z学習センター

　筆者はA大学へ2年度に渡り2回出講した。科目名は「社会福祉と社会心理学的支援」である。参加者は50人前後で平均年齢は45.24歳である。さまざまな人生を送っている人で構成され、また現在の境遇もさまざまであった。参加者の8割は女性で、2割の男性のほとんどは定年退職者である。以下、授業の概略を述べ、授業後のレポートから本授業を振り返ってみよう。
　授業のオリエンテーションで、E. H. エリクソンのライフサイクル理論（人生にはタスクがありタスクを達成できないと人生の危機が訪れるという理論）を新聞などの事例を用いながら説明する。次にグループ分けして人生のライフステージを選び、どの問題をロープレするかを検討してもらう。講義は2日間に渡って行われ、初日は資料をネット等で集め演じるシーンやキャストを検討し、ロープレの目的を確認し、レジュメをつくる。次の日はリハーサルをして、午後に発表となる。ロープレ前に受講している発表者がレジュメを作成

し参加者に配布する。以下は、レポートとして後日提出された参加者の感想である。

> **30歳代女性　介護職**
>
> 　人間というのはなんと脆く壊れやすい生き物なのか。今回の授業を受講し改めて強く思いました。私はこれまで生きていることに対して疑問を持つこともなく、深い挫折感を感じることもなく、所謂平凡な人生を送ってきました。これは大変に幸せなことです。（略）
> 　福祉の勉強をして仕事柄、高齢者と接することで身近に見てきた寂しい出来事も歳をとればこういうもの、多少は仕方がないと感じてきました。しかし今回受講してみて所詮は人事、他人事として高い所から見下ろしていたのではないかと気づきました。（略）
> 　ロールプレイという授業方法は初めてで最初にビデオを見た時は、自分があんなことをできるとは思えず、正直な話どうしてこの授業を選択してしまったのか後悔しました。しかし他のグループの発表を見ていくうちに、テーマの主人公の苦悩を疑似体験しました。頭で理解したのではなく、身をもって理解することができたのです。（略）
> 　もう一つ驚いたことに、初対面で口もきいたことがない者同士が同じ目標に向かって一生懸命になり、一つになれたことです。（略）人は脆く崩れやすいかもしれませんが、また一方で柔軟で強い生き物であることも実感しました。たった2日間でしたがたくさんのことを学ぶことができました。今ではこの授業を選択して本当に良かったと思います。

> **40歳代女性　医療関係職**
>
> 　グループワークではまず全体の様子をうかがう。メンバーの一人ひとりを観察する。あまり目立たないように、でも一目置いてもらえるように。張り切りすぎないように、仕事を押し付けられて損しないように。私はこれからすることをほめたり筋道を立てたりすることをしたがる。ムードを作りたがる、重苦しいのは嫌いだ。重くなると茶化したくなる。しかし辛くとも真剣に深く考えなくてはならない時もある。思考を中断させないように気をつけることを指導教師から学んだ。（略）
> 　私には悪い癖がある。自分と違う＝誤り＝ダメだから「これは違うな」と思った瞬間、真剣には聞いていない。自分の考えばかり巡らしている。気をつけなければ人を深く理解できないことを教師から指摘された。今回のロープレでは5人が対等に活動できて良い経験となった。自分を知る機会になった。

8章　演劇的手法を用いた社会福祉の養成課程

20歳代女性　一般職
ライフサイクルという生命の循環の中で全人的に統合していく各段階の問題にも触れることができた。社会問題をとても身近に感じ、自分の疑似体験として深く考えることができました。だれにでも容易に起こる可能性があることを知りました。（略） 　私は現在、人生の目標が見つからず迷っていますが、この時期にロールプレイが経験できたことは何かのヒントだったと感じています。

30歳代女性　教員職
今回の全員参加、体験型の授業は初めてで最初は戸惑ったが意を決して学習していくうちに新鮮で面白く熱中している自分に気づきました。「演技」することは初めてで恥ずかしく難しくもあったが、自分でない他者を演じることで見えてくるものがあり、ああこんな考えもあるのかと気づくことも多々ありました。シナリオを組み立てていく過程のグループで話し合っていくうちに、年齢も立場も性格も異なる人々がそれぞれ出す考えが違い、みな驚きながら話し合って、最終的には納得がいく筋道が立てられたのではないかと思う。発表がすんでグループの人とは何年来も旧知の間柄のような友となっていました。（略）

　以上が2日間のワークショップ形式のロープレを中心とした授業の感想である。多くの参加者は「人生について考える機会を与えてくれたことに感謝する」と最後に記しているのが特徴だった。これはA大学が生涯学習として本講座を開講しているという目的も関係あるだろう。しかし参加者の多くが、生涯学習という一般的な範疇を超えて思考の深化と視野の拡大を獲得したと記述している。この点は20歳前後を対象としたK大学の学生の反応とは異なる点である。

2．B専門学校

　次は、B専門学校の「社会福祉援助演習」の通信部面接授業から参加者の振り返りを記そう。レポートは授業終了後に回収されたものである。
　なおB専門学校の社会福祉援助演習の面接授業の進行は、ほぼ前記と同様である。なお参加者の95％は現に専門職に就いていて、平均年齢は36.7歳、男女の比率は半々である。授業は9時から17時までの1日である。

30歳代男性　介護職

　今回のロールプレイを通じ普通の授業とは全く違った経験ができた。今まで受けてきた授業はひたすら教師の話を聞き、その後グループに分かれグループで与えられた課題をこなすオーソドックスな方法だった。この授業が悪いわけではないが、グループ内にうまく参加できないことも生じる。今回のように全員参加の授業形態は、自分たちで課題を考え、その中での役割になりきり、半強制的に発表に参加する必ず参加できる形態であり、演習課題を理解しやすかった。実際にソーシャルワークを展開する私たちにとって、教科書だけでは理解しがたい内容の理解ができた。（略）

　理解できたことは①対象者の気持ちの理解で、その役になりきる体験が今後の職務にも活かせる。②がグループでそれぞれの役割を持ち連携するチームワークに関して学習ができた。③に問題発生の段階から問題解決の場面を想定するという点である。それは教科書の中に書いてない内容であり、こうした演習の授業を通じてしか学ぶことができないと感じた。④にその対象者が持っている能力を十分に活用しながら問題解決していく過程が、ソーシャルワークであるという点である。（略）

　事件になる前にソーシャルワークが介入することが大切である。実際は事件になってから対応することが数多くあるので、必要に応じてすぐに対応できるようにしたい。普通の授業では体験できない演習だったので、すごく今後に役に立ちました。

20歳代女性　社会福祉援助職

　今回初めてロールプレイを体験した。私が取り組んだのは中年期で、私にとって最も問題が思い浮かばない年齢だったから故意に選んでみた。まず指導教師の「ロールプレイは問題を再現し体験することを通して問題の本質を考え、援助の在り方を検討することが目的」ということばに大変な困難さを感じた。（略）

　次に練習中、その役になりきることの困難さを体験した。役になりきるにはその状況と当事者の心理を考え行動していかねばならない。上辺だけの言葉ではなく、当事者の心からの叫びを出さなくてはならない。他のグループの発表を見て何度か涙を誘われた。同情ではなく、こうなる前に何かできなかったのだろうかという悔しさからの涙だった。（略）

　「演習」は当事者との共感の体得である。つまり当事者の立場になって当事者にとっての最善の解決策は何かを考えること、そうすることにより援助者として援助すべきものが見えてくる。両者の立場になることで深く考え、気づき得られるものが多い。最後にロープレは単なる寸劇ではなく、自分を高める自分への援助なのだと気づいた。指導教師の「今ここでの気づきは？」の言葉を聞き、その言葉に共感し、接近することの大切さの意味を学んだ。私はどれだけ苦しみの言葉を知り、共感し、接近できているだろうか、と考えた。

40 歳代男性　介護職
私たちのロールプレイはフィクションで事実ではありませんでしたが、役柄になりきることを指導教師から幾度も指摘されました。(略) 　社会福祉士になろうと志しているものの、実際にこのような状況の家庭の気持ちを理解するために、役柄を演じることにより本当の現実に接近できると思いました。役割を演じることの重要性は創造的な自発性が身につくことだと思いました。机上の学習では経験できない体験ができました。

　この専門学校の受講生は現職者がほとんどで、日々当事者と接している。しかし「当事者になりきって当事者の理解が増しました。仕事の中で活かすことができる体験でした」ということばの反応は、K大学とA大学と共通である。現職者ならば幾多の事例に接し、また事例研究にも接してきたはずである。そうした現職者が驚きと感動をもってロープレの授業を振り返っている。ロープレの持つ可能性は、年齢や経験や職業を越える普遍性があるのだろうか。

3．社会福祉法人「かしの木」

　次は、ロープレを用いた現職者研修を実施した社会福祉法人かしの木の実際を振り返ろう。本稿は、かしの木の総合施設長が自ら執筆している。

1）社会福祉法人かしの木とは

　社会福祉法人かしの木は、1998年4月、広島県呉市に「知的障害者通所授産施設ワークセンターみのり」「精神障害者通所授産施設ライフセンターつばき」「地域活動支援センターつぼみ」の3施設が同じ建物のなかに合築された当時としてはめずらしい施設として開所した。知的障害者授産施設では、クッキー、手芸品、洗車、草抜きなどの授産活動を行い、精神障害者授産施設では主にパンづくりを行っている。2003年には、第2かしの木としてかしの木片山を開所し、特に、広汎性発達障害者への個別支援にも力を入れ、授産製品としてケーキ、クッキーをつくり販売をしている。その他、洗

車、草抜き、印刷業務などの授産活動も行っている。

　2007年度現在、知的障害者、身体障害者、ろうあ、精神障害者の通所者合わせて約90名、生活活動センター登録者40名、職員は非常勤を含め43名の施設に成長した。また、男女のグループホーム各1ヶ所、直営ショップ2店舗を抱えている。

　かしの木は、「一日にひとつの社会参加」を目標とし、その実践のために「そうじ」と「あいさつ」を利用者と職員がともに、毎日徹底して行っている。障害の重さにかかわらず、必ず「そうじ」に参加する。個人個人のニーズと特性に合った支援プログラムを作成し、「可能な限りの自立」が実現するような支援を提供する施設を目指している。

2） 福祉現場の現状について

　2006年に障害者自立支援法が施行され、福祉の世界は大きな変革期にある。旧体系から新体系へ移行する猶予期間は2008年現在、3年あるが、一番に変わったことといえば、利用者のサービス利用料原則1割負担だろう。障害者年金が十分に支給されていない、あるいは支給されていない利用者にとって、この1割負担は施設利用を阻むものとなっており、施設を利用できなくなっている利用者も少なからずいる。次に変化したことは、補助金の一部削除である。このことにより、経営が成り立たなくなっている施設もある。

　したがってかしの木では、利用者の負担額を減らすため、高い工賃を支給できるように授産製品の開発、販路の拡大、授産作業の選定に今まで以上に力を入れている。地域に根ざした福祉施設として生き残っていくために、また、利用者の生活を支えるために、今まで以上に「選ばれる施設」として高い福祉サービスが提供できるよう、専門知識や福祉制度に精通した職員の養成を迫られているのが現状である。同時に、対人援助職であるので、専門知識や福祉制度に詳しいというだけでは不十分でもある。職員自身が人間的に成長していけるような職場環境を整備していくことが、福祉施設として生き残っていくためにも必須であると考えている。

3）職員養成の必要性

　先ほども触れたとおり、福祉現場の現状に合わせ、法改正に沿った専門知識や福祉制度に精通し、利用者の視点に立った支援ができる職員の養成に迫られている。これまで、管理職として多くの学生や社会人の就職面接を行ってきたが、ここ2、3年の間に特に変化していると感じていることがある。それは、「話さない」「書けない」という人々が増えていることである。また、一生涯を一つの仕事や会社に捧げるという今までの日本の風潮が崩壊したこともあるのか、福祉現場の離職率は非常に高い。当施設でも、5年をめどに離職し、新しい職へと変わっていく職員が多い。

　職員一人ひとりが充実した納得のいく人生を送ってほしいと願うので、自分でやりたいことを新たに見つけ新しい職へと変わっていくのは喜ばしいことでもあるが、管理職の立場としては、やっと育った職員の離職は厳しいことでもある。願わくば、福祉の仕事が生涯の仕事として根づいてほしいと思う。これは、勤務条件や職場の雰囲気等の充実など、経営側としてさらに工夫し、対応していかねばならないことだろう。

　次に、福祉の仕事を希望する人々が少なくなっている。どこの業界も同じであろうが、職員確保は年々厳しくなっているように感じる。

　以上のような現状に加え、福祉における仕事の種類は非常に多い。たとえば、かしの木は授産施設であるが、授産施設といっても物づくりだけが仕事ではなく、対人援助が主な仕事であるため、その人の生活全般、生涯にかかわっていく仕事が毎日の業務となる。特に成人の施設では、職員よりも年齢が上の利用者が多い。つまり、自分たちよりも多くの時間を生きてきた利用者の生活や将来を見据えながら、利用者一人ひとりに合った支援プログラムを作成する必要があり、そこには人生経験や生活経験など豊かな経験が支援に生きてくる。経験の浅い職員たちは、紆余曲折を繰り返しながら日々の支援を模索している。

　障害者福祉にかかわる仕事をしていくうえで、障害特性を理解し専門的知識を身につけていくのは当然のことである。どの職員も大学や専門学校で専門的な知識を学び訓練を受けてはいるが、自我を鍛え体験を積み重ねていく

場はやはり現場である。「選ばれる施設」となるためにも、利用者のニーズに合った支援を実現していくためにも、専門知識だけでなく自己を表現し自己を洞察することによって自我を鍛え、自分自身を成長させることに貪欲な職員を現場では求めている。また、そのような機会を提供していくことが管理職の仕事の一つであると考えている。したがって施設運営上、職員研修は欠かせない。

4）「ロールプレイ」による職員研修を通して

　以上のような現場の現状をふまえ、以前にも増して職員養成の必要性は高まっている。管理職の立場から、職員研修には五つのポイントがあると考えている。

　一つは、専門知識を得る機会である。発達障害も精神障害も研究が進み、対応方法も日々開発され多様になっている。より適切な支援をするためには、最先端の知識を身につけることは必要不可欠である。

　二つ目に、日々の支援を振り返る機会である。かしの木では、職員会議やケース検討会、個別プログラムの見直しなどを通して、日々の支援を振り返る時間を多く設けているが、第三者の視点から日々の支援に関して指導を受けることで、利用者理解がさらに深まり、より適切な支援へとつながる。

　三つ目は、職員の自己成長につながる機会である。前述したとおり、「話せない」「書けない」という自己を表現すること、他者とコミュニケーションをすることに関して困難さを持つ職員が増えている。日々の支援のなかで、疑問を持つことにつながらない、疑問を持ったとしても質問をしない・できないという職員が増えてきている。また、「自分にこの仕事が向いているのだろうか」と悩む若い職員も多い。さらには、その人の人間性がそのまま支援に現れることがあるという職種上、自分と向き合い自我を鍛え自己を成長させていくことは対人援助職に就く者として欠かせないことである。

　四つ目に、職場の人間関係を円滑にする機会である。一貫した支援を可能とするためには、管理職を含めた職員全員が共通理解を持ち、情報共有をすることが重要である。この時に重要となるのが、職場の人間関係である。

日々、ともに仕事をしていればお互いに不満を持つことも起こりうるが、職場の関係を円滑にするためにも人間関係づくりは欠かせない。

　五つ目は、福祉の仕事は素晴らしい仕事であるということを再確認できる機会である。日々の仕事に追われ、自分たちの仕事に意味を見出すことは難しい。特に若い職員にとって、対人援助という職種上、自分たちの支援に迷いが生じることが自然である。自分がしている仕事は意味のあることだと確認できることは、明日への糧につながる。

　以上のようなポイントを網羅するような研修をしてくれる講師を探していたところ、当時、K大学所属の本書の編者である石川瞭子氏に出会い、3年前から職員研修を依頼するようになった。以下が、石川氏による過去3年間の職員研修会の内容である。

(1) 2005年度研修

　2005年度の職員研修は、「事例検討」であった。かしの木内で対応に苦慮していた2事例について、ご指導をいただいた。石川氏による職員研修は、参加者全員が考え、発言をするという、頭をフル回転させながらの体験学習型の研修会であった。また、石川氏のコメントは驚きとショックの連続であった。普段の支援で気づきもしなかったことを指摘され、日々の支援について深く振り返る時間となった。専門家とはこういう見方をするのか、学問的に分析することで、ここまで多面的にそして深く理解できうることを知り、自分たちの視野の狭さを反省させられた研修であった。

　職員にとっては、日々の業務に追われ勉強不足であったことを痛感した研修会であったようである。また、事例検討を通して、利用者の家族背景などを理解する過程で、職員自身の家族関係や家族のなかでの自分について今までとは違った

図8-1　一筆描きの風景

側面から見つめなおすことができた職員も少なからずいたようであった。この研修は、自己理解を深める第一歩になったように感じた。

(2) 2006年度研修

2006年度の研修は、グループによる一筆描き、それぞれが家族のポートレートを描き、この世から亡くなっていくであろうと感じている順番に、はさみで家族メンバーを切り取っていくということから始まった。「人はいつか死ぬ」ということが頭ではわかっていても、目の前で自分が描いた家族メンバーが一人ひとり消えていくという体験は何ともいえない感覚が伴い、若い職員にとっては遠くにある「死」を少し現実的に捉えることができたようである。当施設では、利用者の高齢化が進んでおり、保護者が亡くなるケースも増えている。障害を持つ子を残し、先に逝かねばならない親の心情ははかりしれないものがあるが、そういった親の心情、親を亡くす心細さといった心情を思い、揺れた職員もいた。

職員は、自分たちがまだ経験していない出来事に利用者を通して経験することが多々ある。その際に必要となるのは「想像力」だと思うが、自分が経験していないことを想像して、その人に必要な支援を考えていくのは難しいことである。今回のような疑似体験を繰り返していくことにより、「想像力」は鍛えられるのではないかと感じた。

その後、当時、痛ましい事件が続いていた「いじめ」に関してロールプレイをした。石川氏からの指示は、いじめの発生要因、拡大要因、維持要因について考え、いじめの結果として事件につながるようなロールプレイを作成し5分程度で発表できるようにということだった。参加者22名（うち、外部から4名が参加）が六つのグループに分かれ、いじめの対象者、場所、方法、内容、経過について意見を出し合いながら話し合い、練習を行った。練習時間は約3時間半で、その間、石川氏の指導を受けながらロールプレイを作成していった。

3時間半に及ぶ練習中、一つひとつのセリフや動作について石川氏より指導を受け、吟味をし、完成したロールプレイを全員の前で発表したが、そのリアルさに、途中で席を立つ職員、「目をそむけずにいられなかった」と

表8-1　2006年度　職員研修

	タイトル	内容
1	職場でのいじめ	新人職員への指導という名のいじめ。電話の取り次ぎ方、返事の仕方などについて細かく指示をしていく先輩たちの新人指導は、果たして指導なのか、いじめなのかという疑問を投げかけたロールプレイ。
2	職場でのいじめ	福祉施設での対応に苦慮する利用者さんをめぐり、先輩職員が新人職員に対応を押しつける。不慮の事故により、その利用者さんが亡くなると、新人職員を責めたて退職に追い込む過程を再現。
3	高校でのいじめ	クラスのメンバーが、高機能自閉症の生徒をからかい、自殺へと追い詰めていく過程をロールプレイで再現。障害特性ゆえの特徴が正しく理解されず、「からかい」の対象となり、「からかい」が段々とエスカレートしていき、相手を追いつめていく過程をロールプレイで再現した。
4	職場におけるいじめ	新しく配属されてきた上司から部下へのメールによるいやがらせがいじめへと発展していく過程をロールプレイで再現。いじめの背景にある感情が実に多様であることを提示した。
5	中学校での男子のいじめ	ある一人の生徒が、身体的特徴のある生徒をからかい始め、そのからかいに他の生徒が参加していき、暴力や金銭要求などにつながっていく過程をロールプレイした。傍観者も加害者となりうるという事実を再現した。
6	小学校でのいじめ	ゲーム感覚で行われていた「無視っこ」が、次第にエスカレートしていき、自殺へと追い詰めていく過程を詳細にロールプレイで再現。残された家族、加害者となってしまった子どもたち、担任の苦悩も表現された。

いった職員もいた。自分たちのなかにある残虐性や残忍性、グループの力や雰囲気の力に呑み込まれエスカレートし、自分自身の行動に対してコントロールがきかなくなるという状況を体験、目の当たりにした。特に、自殺した人と残された人を演じていくのは、職員にとって大変にきついものであったようである。「死ぬ」ことで解決できるものはなく、大切な人が自殺することにより残された人たちの人生も死んでしまうということに気づいた。

「いじめのロールプレイ」は、大変にショッキングな研修会となった。罵り合いや自己保身や残虐性といった人間の本音を垣間見たことによるショックは、職員の心にじんわりとヒビや曇りなど多くのものを残したようである。普段、非常に温和で怒ったところを見せたことがないという職員は、研修会

で負の感情を表現したことにより、翌日、「体が痛くて重くて、起き上がることができなかった」と後日もらした。この研修会を通して、自分自身のなかにある残虐性、弱さ、狡さといった負の感情を自分も持っていると気づいた職員もいるし、ロールプレイに苦手意識を持った職員も少なからずいた。管理職の立場からは、練習風景や発表を見ていて、この職員にこんな面があったのか、こんなに大きな声が出せたのか、と普段とは違う面を発見する職員も多くいた。それぞれがそれぞれの方法で自己と向き合い、いろいろなことを考えた研修会だったと思う。

(3) 2007年度研修

2007年度は、結婚期、出産期、学童期、思春期、青年期、成人期、老人期、死期という各発達段階において起こるかもしれない当事者の生活におけ

表8-2　2007年度　職員研修

	タイトル	内容
1	結婚期：知的障害を持つ娘の結婚問題	知的障害の娘が、精神障害者と結婚したいといってきた時の両親の苦悩。次第に、夫婦関係の危機へと発展していく過程をロールプレイで再現。
2	出産期：知的障害を持つ娘の妊娠	幼馴染の男の子と性的関係を持った娘の妊娠を知り、責任追及をしていく母親と男の子の責任転化のやりとりをロールプレイで再現。
3	学童期：障害を認知するということ	クラスに発達障害を抱える生徒への対応に苦慮する教員、障害認知に戸惑い教員を責める母親の苦しさをロールプレイで再現。
4	思春期：自閉症の家族の苦悩	重度の知的障害を伴う自閉症の息子の対応に手を焼く母親の苦悩。父親は子育てに非協力的というほどではないが、仕事が優先で、子育ての重圧と子どもの問題行動に母親が悩む場面をロールプレイで再現。
5	青年期：子どもが自殺した両親の苦悩	自殺した娘の死を受け入れられず、夫婦関係が崩壊していく過程をロールプレイで再現。
6	成人期：障害を持つ兄弟の苦悩	父親が亡くなり、年老いた母親が障害を持つ次男の行く末を心配し、エリートの長男に次男の面倒を見てくれと言い始める場面を再現。障害を持つ子を産んだという母親の苦悩、障害を持つ兄弟の苦悩を再現した。
7	老人期：姑の介護	姑の介護を嫁がするという設定。表面上は良い関係を保っているものの、お互いに本音をいわない関係からくる独特な雰囲気、介護の大変さを再現した。

る危機場面を想定しロールプレイを行った。当事者の生活と私たちの生活は切り離されているようで実は連続線上にあり、当事者の生活危機場面を再現することにより、当事者を理解していきましょうと石川氏から話された。16名の参加者（うち、外部から4名が参加）が2、3人のグループに分かれ、生活上の危機場面はどんなものかと考えながら、配役、場面の設定、セリフなどを吟味していった。今回の練習時間は5時間を越えた。石川氏からたくさんの疑問を投げかけられ、指導を受けながら、登場人物の一つひとつのセリフや動作の背景にある気持ちを想像していく過程で、「その人になりきる」ことにより自然と湧き上がる感情やセリフ、涙を体験した。この年のロールプレイの題材は、日々の仕事に密接にかかわるものであったためか、練習中から役に感情移入をし、涙が止まらなくなる職員も少なからずいた。9時半に始まった研修会は、4時半に終了した。

　この年の研修では、職員もロールプレイに慣れ、激しくも冷静さを保ったロールプレイとなり、反省の時に「ああ言えば良かった」「こうすれば良かった」という意見が多く出てきた。ロールプレイをやり終えた職員が何となくスッキリしているように見えたが、後日、研修会に欠席していた職員、この年が初めてのロールプレイだった職員、ロールプレイに苦手意識を持つ職員たちには、外から見る限り微妙な違いが生じていることに気づかされた。ロールプレイがすべての一原因だとは思わないが、積極的に参加しようとする職員と、欠席、苦手意識、仕方がないからと消極的な職員の差が3年目の

図8-2　練習風景　　　　　図8-3　ロールプレイ風景

研修会では現れたように感じた。もう一つ、この研修会で如実に現れたのは、「本音を言えるか言えないか」ということであった。基本的に絶対的に人間を信じている人、自分の考えや感情を表現することにオープンな人、そうでない人、さまざまであった。しかしながら、表現が苦手な職員も3年目の研修を通して、表現力が伸びてきたと感じたことは嬉しいことであった。本音で話せることで、バラバラだった家族や人間関係が再統合し、さまざまな危機場面を乗り越えていくことができるということを学んだことは、大変に意義のあることだったと思う。

　一方で、石川氏のロールプレイを用いた研修は、管理職にとってかなりきつい現象を生むこともある。集めてきた職員がようやく職場にも仕事にも慣れてきたところへ、普段はフタをしている部分にあえて一石を投じることで波を起こし、揺らぐ原因をつくり、ひび割れを生じさせているのではないかと思うからである。それほどに、石川氏のロールプレイは強烈で、眠りから目覚めさせるエネルギーを吹き込んでくれる。石川氏の研修会を通して「自分自身を見つめる」、そして「自分自身では気づいていなかった自分を発見する」という体験をすることにより、職員の自我が鍛えられ自己鍛錬をする時間となっている。以下に、研修会に参加した職員の感想を載せる。

30代女性

　今回の研修会を通して一番に感じたことは、"自分自身を知る"ということについてです。自分のグループの発表、他のグループの発表を通して感じたことですが、ロールプレイをする中でも、その人の本質というものを感じることが多々ありました。自分自身以外の役を演じた訳ですが、自分自身を通してその人の気持ちや、様子を学ぶため、その中に本質として持っている感情、行動が無意識のうちに出てくるのだと感じました。その中から、自分自身の考え、感情、行動について改めて考えることができました。自分自身を振り返るということは、良い面ばかりが見えるわけではなく、自分自身の悪い面に対しても、向き合わなければなりません。ロールプレイでは、自分自身の見たくない面に対して気づき、向き合うことで、自分自身を知り、悪い点を直すきっかけにするなど、向上していくためのものであるように感じました。

5) 考　　察

　近年、増えている「話さない」「書けない」人たちも話せないだけ、書けないだけであって、ただ表現をしたり、コミュニケーションを図る機会が少なかっただけという人は、たくさんいると思う。対人援助職では、専門的な知識を基礎に置き、その支援内容についてさまざまな判断を求められる場面に遭遇することが多い。職員が利用者の利益を第一に見据えた判断ができるよう、また、利用者に「選ばれる施設」になるよう、利用者が豊かな人生を歩めるお手伝いができるように、ロールプレイなどの職員研修会を通して、職員一人ひとりが自分自身を知り、この施設とともに運営し仕事をしていく人たちが増えていくことを願っている。

　施設で働く職員に犠牲を強いるつもりはない。しかしながら、人間相手の仕事には、何よりもまず「善意」が当然の世界が求められてしかるべきだといったらうがった意見となるだろうか。この仕事に誇りを持ち、利用者の幸せを願い、彼らの成長をともに楽しめる仕事として存在してほしい。私はこれが理想とは思わない。仕事としてあたり前と思える施設となってほしいし、それができると信じている。これからも、石川氏のロールプレイを用いた研修会を職員養成の場としていきたい。

4.まとめ

　A大学、B専門学校、かしの木におけるロールプレイ等の演劇的手法を用いた研修は、まさにK大学の実践と酷似したリアクションが多数見られた。いみじくも30代の介護職の男性が述べているように、「実際にソーシャルワークを展開する私たちにとって、教科書だけでは理解しがたい内容の理解ができた」のである。そして研修を通して学んだこととして、「事件になる前にソーシャルワークが介入することが大切」と述べている。

　そうした反応はA大学や「かしの木」でも同様であった。また多くの参加者が「自分を知ることの大切さ」をロープレを通して気づいていくが、活動共同体としての喜びや楽しみや満足感や温かみがそうした気づきを促したと

示唆された。つまり、経験を共有できる仲間や場が保障されてはじめて成立するのである。

9章

ロールプレイの可能性
―演劇的知の構築と社会福祉士養成―

(渡邊慶一)

1. ロールプレイと演劇的知の接点―問題への接近を試みる―

1) 社会福祉士として演劇的想像力を生かす

　筆者は、演劇的技法を用いた社会福祉教育の可能性について、たびたび検討を積み重ねてきた (渡邊 2001、2006、2007a、2007b、2007c)。また最近では、演劇的技法または演劇の構造を用いた専門職教育の実践例も見られる (小林 2006、中根 2006)。ソーシャルワークの実践技法にも、演劇の要素を活用したものが見られる (Sheafor et al. 2000)。課題となる事象を具体的に提示し、イメージを共有することで、具体的な取り組みを模索していく時に、演劇的技法は応用的に機能する。社会福祉というきわめて現実的な課題に取り組んでいく時、演劇的技法は示唆に富んでいる。また、学生が課題解決力[1]を身につけるとともに、空想の世界で遊びながら創造性と自発性を培ってくれることを、筆者は目指している。

　筆者にとって研究基盤の中核が、後に述べるアウグスト・ボアールによる「被抑圧者の演劇」であった。出会いはもう 10 年以上も前にさかのぼる。ボアールの著作を手にした時、身震いするような出会いの喜びを感じたことを今でもからだの感覚が覚えている。それほどボアールとの出会いは、筆者にとって衝撃的だった。以来、コツコツと教育実践を積み重ねてきた。

　教育機関以外の公的な場で初めて演劇的構造を持ち込んだのは、7 年前にある社会福祉協議会の依頼を受けて担当したホームヘルパー 2 級養成研修講

座だった。20代から60代までの幅広い世代による交流が見事で、15人程度の手頃な人数も手伝って、大いに盛り上がったことを記憶している。経験からくる発想の豊かさは、現役学生を前に実践するのと、また異なる味わいがある。幼児や学童を前に演劇を行った時に、これと似た感覚を覚えたこともある。

　社会福祉士養成課程（以下、「養成課程」）における学びの中心的世代は、現役大学生の世代である。ちょうどイマジネーションの世界は子ども時代ほどではなくなり、人にもよるが、生活における経験値もそれほど積み重ねてはいない世代といえよう。しかし、意識的に事象を捉え、発想を促すような刺激を得ることによって、飛躍的に在りようが変わる世代だともいえる。良くも悪くも外部からの影響を受けやすい世代である。ここに筆者の問題意識がある。

　そして、手応えを感じ出した6年ほど前から、ようやくからだで理解してきたことがことばを語り始めたのである。実践してきたことを外に向けて発信し、反応を得たいと率直に感じている。

　さて、価値観が多様化し、人々のニーズが拡大していくと、福祉サービス利用者が抱える状況やそこから生じる想いと対等に向かい合う必要性が生じる。社会福祉士[2]は、利用者が抱える想いや日々の関心に目を向け、その背景にあるものを想像し、理解していかねばならない。想像していくなかで現実にピントが合ってくる。やがて想像する力が、手探りで支援行動を工夫し、選択する力につながっていく。

　尾崎（2006：41-54頁）によると、支援者がクライエントと向き合おうとすることは、「目の前の相手の姿、ことば、行動だけでなく、相手の暮らしの見えない部分、その人が暮らす空気、においなどにも関心をもち、相手の暮らし全体と向きあおうとする」ことであるという。このことがなければ、支援者はクライエントの「一時的なニーズに応え」られても、クライエントの「生活全体を視野に入れた支援をすることはできない」のである。利用者に対するアセスメントは、正確な情報だけで可能となるのではない。その情報が生み出された背景や利用者の内面世界に対する「想像力」によって、よ

り豊かなアセスメントができる[3]。

　社会福祉士はクライエントの生活全体を視野に入れながら支援活動を展開していく。しかし、クライエントと異なる生活時間を過ごす社会福祉士は、クライエントの生活を詳細に絶えず観察し続けることはできない。生活全体を理解するということは、クライエントから発せられたことば、日々見られる行動、家族から働きかけられた時の状況などから、クライエントがどのような感情の揺れを体験し、現在の生活をどのように受けとめ、ここに至るまでどのような生活を送ってきたのかを想像することでもある。想像に偏りがあってはいけないが、社会福祉士には、想像力を技として備えるための教育方法が求められてよい。

　さて、コミュニケーショントレーニングにおいて、今演劇が取り入れられることが珍しくない。たとえば、教員のコミュニケーションスキル向上やケアマネージャーのリーダーシップ修得を目的とするものなどがある。

　教員は、教育という目標を掲げている。その目標を達成するためには、生徒との良好な関係を築くことが前提となる。教育は、何も勉学の出来不出来だけがその目標のすべてではない。人間性に磨きをかけ、生きる力を育みこれから生徒が生活する社会で生き抜いていく知恵を、生徒自らが身につけていくことができるように支えるためにも必要だ。それを適切な方法で生徒に伝えていくためには、生徒と教員の間に信頼関係が成立していなければならない。教員からの「教え」のなかに生徒の「育ち」が芽生えるためには、生徒の側に教えを受け入れるだけの土壌が整備されていなければならない。また教員は、生徒の家族との関係、教員間の関係をも大切にし、教育目標を実現するためにさまざまな関係性を情報源とし、有効に活用していかなければならない。

　ケアマネージャーは、特に高齢者福祉施設の現場において、クライエント一人ひとりの置かれた状況を身体的、精神的、社会的な各側面から全体像を把握し、ケアプラン作成に結びつけていく。そのためには、クライエントと密にかかわりを持っているケアワーカーやクライエントの家族などから情報を収集しなければならない。きわめて能動的に他者とかかわりを持ち、全体

を見渡すだけのリーダーシップを備えていなければならない。

　社会福祉士はどうだろう。クライエントと対等に向かい合うなかで、現実を捉え具体的支援活動を展開していく専門職である。その養成教育、トレーニングに演劇の方法論を活用することができないだろうか。それが本章執筆の動機である。本章では、「演劇的知」の発想からロールプレイの可能性を捉え直し、社会福祉士の養成課程においてそれをいかに活用していくことができるのか、考えてみたい。

2）演劇的知の発想を感じる
(1)　演劇的知とソーシャルワーク

　本章まで、各執筆者がそれぞれの切り口でロールプレイ（role play）について述べている。導入部分では、ロールプレイを行う人自身がそこに立ち現れるよう、ウォーミングアップ（warming up）によって空間を和らげる。ロールプレイでは通常、主役、補助自我、観客、監督、場の設定により徹底的な構造化が図られる。ロールプレイは治療技法として考案されたが、今や養成教育におけるトレーニング方法の一つとなっており、教育場面で用いられる演劇的構造を多分に含むスキルなのである。

　その系譜を辿ると、モレノ（Jacob Levy Moreno）が演劇に着想を得たサイコドラマ（psycho drama）から始まるのだから、自然と演劇的構造に目を向けざるを得ない。「演劇的知」を内包する自主性および創造性開発の臨床技法がロールプレイだったのである。なお、社会福祉の分野で活用されている演劇的要素を含む技法に、サイコドラマ、プレイバックシアター（playback theatre）、ドラマセラピー（drama therapy）がある[4]。これらは主に、ソーシャルワーク実践領域においては、論理の一貫した話しことばで内面を表現することが困難な精神疾患を抱える人々に対して、精神医療に従事するソーシャルワーカーが活用している。しかし現在は、さらに適用範囲が拡大し、多様な広がりを見せている。本章では、専門援助技術としてのそれらを詳説することはしない。しかし、演劇的技法は社会福祉におけるいくつかの分野で確かに活用されてきたのである。

さて、演劇的知は演劇の発想、劇的行為を考察するなかで育まれた新たな知の視点である。演劇は関係性をつなぐ行為である。人と人が向かい合うとき、そこには何らかの関係性が生じる。ここに、社会福祉と演劇が「関係性をつなぐ」という観点によって結びつく。ホリス（Florence Hollis）によって概念化された「人と状況との全体関連性」（person-situation configuration）、あるいは 1960 年代に紹介された生態学的発想によるエコロジカル・パースペクティブ（ecological perspective）は、人と環境の交互作用（transaction）に焦点をあてるソーシャルワーク（social work）の基本的な考えを代表する。つまり、人々が周囲の社会資源とどのような関係性によって結びついているのかを見つめるまなざしである。

　演劇もまた、複雑かつ激しく移り変わっていく社会状況や生活状況との関係において人間が抱える細やかな精神のゆらぎを捉えようとする営みである（平田 2004：138-139 頁）。人と人が向き合い、ことばを発しないまでも何らかの交わりを結ぼうとする行いは、すさまじく能動的な行為である。演劇は、そうした行為を象徴的に舞台という特殊な空間で表現しようとする[5]。

　かつて一芸に秀でた舞台人たちによる空間の創造であった演劇は、それに関心ある者に対して広く門戸を開けるようになった。そして、職業的演劇人を志す人々の技術向上だけではなく、演劇の要素を多分に生かすことによって自身の新たな一面に気づいたり、対人コミュニケーション能力の向上を図るためのトレーニングツールとしても活発化してきた。いわゆる、演劇ワークショップである。演劇ワークショップには 2 通りの方法がある。演技者を目指すための専門的な技術教育の意味合いを持ったものと、何らかの目的のために意図的に演劇の要素を活用する意味合いを持ったものである。

　本章では、後者について詳説する。そこで用いられる概念的要素を「演劇的知」として問題提起し、以下述べていくことにする。

(2)　二つの「演劇的知」が交わる時

　① 中村雄二郎の臨床哲学理論　「演劇的知」（中村 1983：初版）は、哲学者、中村雄二郎が用いた概念で知られている。この演劇的知の概念が、後に多くの対人援助研究や実践に示唆を与えた「臨床の知」理論のベースとなっ

ている。中村はこの「臨床の知」によって、医学的臨床のあり方に批判的考察を加えた。臨床の知は、医学的臨床のあり方に新たな視角を注ぎ込んだだけでなく、さまざまな対人援助領域においても注目され、たびたび引用されている。それだけにこの視角は、実践者が向き合う必然性を伴ったものだった。その原型が「演劇的知」なのである。

　中村（1990：135-143頁）は、「演劇的知」の構成原理として「シンボリズム」（象徴体系）、「コスモロジー」（有意味的宇宙論）、「パフォーマンス」（身体的な相互行為）をあげ、「臨床の知」への理解につなげている。コスモロジーは、有機体としてのつながりを意味する。つまり、生活や関係の質が全体としてどうであるのかという視点である。シンボリズムとは、物事に対して一面的な捉え方をするのではなく、多義的に捉えることを指す。そしてパフォーマンスは、人が全身的な行為でもって表現することにより、相手からの働きかけを受ける相互作用が成り立っていることをいう。これらの原理は、人間が生きている世界は、具体的かつ多様であるとする視点に端を発する。そしてまた、人間はパトス的、つまり受動的あるいは受苦的存在であるがゆえに、外部環境からの働きかけに身をさらさざるを得ないのだという。それだからこそ人間は、生き生きした交流をも図ることができる。

　中村が対比する近代科学の知は、操作性が強く、事物を対象化してきたために、人間が外部環境の働きかけによってどのように変容するかという視点を見失ってきた。それによる医療問題は後を絶たなかった。今、近代科学の知に偏ってきた医療は見直されつつある。医療の患者に対する関与の仕方を表すターム（term）にも変遷が見られる。パターナリズム（paternalism）という固定化された医師—患者関係から、インフォームド・コンセント（informed consent、説明による納得と同意に基づく医療）、そして現在ディープ・バリュー（deep value、価値観の多様性）に移行しつつある。患者や家族の、医療の受け方に関する見解や生き方の多様性をより尊重していこうとする医療のあり方である。

　この視点は医療分野に限らず、社会福祉士であれば誰しもが備えておかねばならない基本的な考え方である。社会福祉士の倫理綱領の前文では、「わ

れわれ社会福祉士は、すべての人が人間としての尊厳を有し、価値ある存在であり、平等であることを深く認識する」として、「われわれは平和を擁護し、人権と社会正義の原理に則り、サービス利用者本位の質の高い福祉サービスの開発と提供に努めることによって、社会福祉の推進とサービス利用者の自己実現をめざす専門職である」と強調している。クライエントの価値や自己実現を追求していくためには、生活の全体におけるその人「らしさ」と常に向き合い続けなければならない。そのため社会福祉士は、各人が有する価値観を尊重してきたのである。社会福祉士が名目上の資格に終わることなく、専門職としてのソーシャルワーカーであり続けるためには、この視点が置き去りにされてはならない。

中村の演劇的知は、外部環境に身をさらさざるを得ない、人間の生の多様性に価値を置く考え方であり、だからこそ社会福祉士が人間を見つめるまなざしとして具備しておくべき視点なのだといえる。

② 渡部淳の教育実践　社会福祉士の受験資格を得るまでの学びの過程は、「講義」「演習」「実習」によって構成される。周知のとおり社会福祉士の養成カリキュラムは2000年度生から改定されている。そのうち、「社会福祉援助技術演習」（以下、「演習」と表記）は60時間から120時間へと履修時間が倍増した。より実践に結びつく援助技術の修得を狙ったものだが、さらに多様化するニーズに対応できる実践力を備えた社会福祉士を養成するため、介護福祉士も含めたカリキュラム全体の見直しが図られる。また、「社会福祉援助技術現場実習」（以下、「実習」と表記）における実習時間を増やすことが検討されており、実習前後の指導のあり方を探求していかねばならない[6]。

そこで問題になってくるのが、養成校の教育技術である。より学生参加型で実践性の強い教育内容が必要になるだろうし、何を理解すべきかが具体的に見えてくるような伝え方に取り組んでいかなければならない。

教育学者であり、獲得型授業の研究者である渡部淳は、従来の知識注入型授業の対をなすものとして、「一連の活動を通して学習者一人ひとりの内部に形成される能動的で創造的な知のあり方」である「演劇的知」（渡部 2001）を提唱している。

中村の哲学思想、理念的要素が強い概念に比べて、渡部がいう「演劇的知」は、教育における実践的要素が強い。渡部（2001：170-171頁）に従うと、次の各要素を含むものである。

①「生徒―生徒関係」を基本とする獲得型の共同学習に取り組むなかで、自ら獲得した知識を活用して、メッセージをまとめあげる。
②そのメッセージや情報を、文字で伝えようとするだけでなく、せりふや所作など身体表現（パフォーマンス）を伴って発信する。
③ディスカッション／ディベートを通して対象をより深く、多面的に捉えようとする。

　つまり、これら一連の活動を通して学び手の内部に形成される、知識の構造や認識の仕方、身体への気づきや学びの作法の総体が、渡部の意味する演劇的知なのである。リサーチワークによって収集した資料を、グループによる共同作業によって作成する。それをロールプレイによって立体的に提示する。そして提示されたものを多面的な理解につなげていけるよう対話により検討する。つまり渡部（2007）は、三つのモードを駆使することによって表現活動のバリエーションを豊かにしていこうとしている（図9-1）。

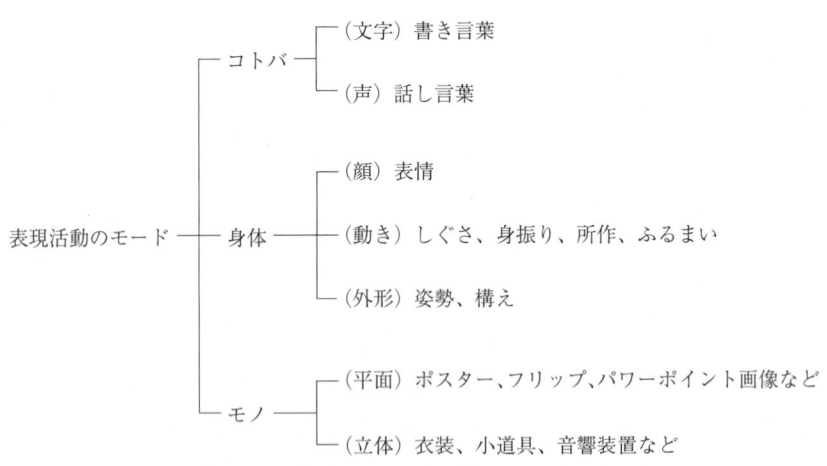

```
                      ┌─（文字）書き言葉
               ┌ コトバ┤
               │      └─（声）話し言葉
               │
               │      ┌─（顔）表情
               │      │
表現活動のモード ┼ 身体 ┼─（動き）しぐさ、身振り、所作、ふるまい
               │      │
               │      └─（外形）姿勢、構え
               │
               │      ┌─（平面）ポスター、フリップ、パワーポイント画像など
               └ モノ ┤
                      └─（立体）衣装、小道具、音響装置など
```

図9-1　渡部淳による表現活動の三つのモード
出所：渡部（2007：55頁）

リサーチによって獲得した知識の点と点を、共同作業および対話による線でつないでいく。ロールプレイによる身体表現を取り入れることで面にしていくのである。この作業を繰り返し行うことで立体としての実像が見えてくる。そして、詳細な事実を明らかにしたうえで、具体的に課題解決のための手段を検証していくことができるのである。養成教育においては、特に演習または実習事後の事例検討において、有効な手だてとなろう。

　これらは、自律的な学習方法による気づきと学びの過程と称することもできる。いわゆる課題解決型の学習である。こうした学習方法は、養成教育にも適用できるだろう。リサーチ能力、リサーチしたことを文章や図解表現によってまとめる力、表現力豊かなコミュニケーション能力、想いを形にして伝える力が培われる。そして、それらの力を通して価値の多様性を理解し、受けとめるまなざしを育むことにつながっていく。

　中村と渡部によるそれぞれの演劇的知の特色を述べてきたが（表9-1）、演劇的知は以上のように、医療や対人援助、教育と何らかの関連性をもって語られてきた。いずれも何らかの実践が行われる現場である。尾崎（2002：380-385頁）は、現場には常に二つの矛盾する態度が存在しているという。その第1の態度は、「援助を進めるうえでの葛藤、不安、分からなさなどに直面し、援助の意味を問いつづけることによって、力を高めようとする態度」であり、これは「現場の力を創造しようとする態度」だという。また第2の

表9-1　中村雄二郎と渡部淳による「演劇的知」の比較

論者	中村　雄二郎	渡部　淳
理論的背景	臨床哲学	教育学
定義	特に述べていない ただし、科学の知が排除したものを見直し、その豊かさの回復を目指す知のあり方	一連の活動を通して学習者一人ひとりの内部に形成される能動的で創造的な知のあり方
問題意識	パトスの知	獲得型授業
構成要素	a．コスモロジー b．シンボリズム c．パフォーマンス	a．協同でメッセージをまとめる b．パフォーマンスによる発信 c．対話による多面的理解
対立概念	科学の知	知識注入型授業

態度は、「明確性、一貫性、あるいは客観性を備えようとする態度」であり、「現場にゆるぎない力を創ろうとする態度」だという。人間社会の多様性に明確な回答はない。したがって、第1の態度によって利用者とともに在ろうとする。しかし利用者にとって主観的にも客観的にも必要なサービスを提供していくためには、第1の態度を支える第2の態度が基盤とならなければならない。

　養成教育におけるロールプレイについて検討していくとき、これまで述べてきた演劇的知の視点を背景として、尾崎のいう二つの態度を形成していくことができるように思える。ここで、演劇的知による思考プロセスをくぐって、演劇の構造を活用することにより、学びの具体的な手続きを進めていくことを「演劇的技法」と位置づけ、便宜的に次のように定義づけておこう。なお本章では、意図的に「手法」（method）ではなく「技法」（skill）を使用している。日本語の「技」にこだわったのである。演劇的知の思考プロセスをくぐり、学び手自らの日常生活やクライエントへの生活支援につなげていくため、技として身体へ吸収していってほしいと考えているからである。

　演劇的技法とは、①他者と響き合う表現技法を獲得し、②その表現技法を用いて、自己および他者とのパフォーマンスと対話による交互作用を行う、③伝える側と受ける側という一方向の関係性に頼らない、④課題発見・追求型の学びの方法である。

3）即興的に演じることから自発性と創造性が生まれる

　ロールプレイは、役割を演じる即興的行為である。ロールプレイを創始したモレノによると、その基本原理は自発性と創造性にあるという（モレノ 2006：38-163頁）。矛盾や葛藤を抱えながらも与えられた役割のなかで混沌とするのではなく、自発性によって光明を見出し、新たな役割を創造していくことがロールプレイの姿なのである。その意味で、職業としての社会福祉士の役割獲得と同時に、個性ある個人としての自分自身の役割を見つめ直すための技術なのである。そのキー概念として、本章では演劇的知について触れている。

しかしながらロールプレイは、学び手に対して自発性や創造性を与えようとするのではないことを明記しておかなければならない。ロールプレイの発想は、学び手自らがすでに持っている能力に気づき、それを引き出す方法を身につけるためにある。自発性のためには現実を身近に捉えることが必要になり、創造性のためにはアクティブに行動を起こしていかねばならない。ロールプレイのシナリオは流れを生み出すためにある。同時に筆者は、自発性と創造性によってシナリオの域を超え、人間としての学び手その人が反映されていいと思う。演劇的技法は、そのための道具（tool）なのである。

さしあたって、社会福祉士の養成教育における演劇的知の視点には、次のような効果が期待される。

① 能動的—受動的—主体的な存在としての学び手　人間は、自分を取り巻く環境全体からの働きかけに身を置かざるを得ない存在である。苦しさを伴うこともあるが、それよって存在自体も生き生きしてくるのだということを、他者に対し主体的に身をさらすパフォーマンスという様式によって体験的に理解する。

② 場の雰囲気の創出と心身の解放作用　自分の緊張する身体や情緒の動きを自覚すると同時に、パフォーマンスによる心身解放作用が対話を促進する。さらにそれが、グループの「なごやかな」雰囲気を創出する。

③ グループによる相互交流体験　グループ内部におけるそれぞれの役割が見出され、協力関係が生成する。他者からの刺激なくしては得られない学習効果がある。また、表現方法の多様性を学ぶ機会となる。

④ 教育をつくる場面での自律　調べ、試行錯誤を繰り返すことによって、自ら考えることの意義を体得する。そのため、行動することに重きを置く。

⑤ リアルな身体全体による学びの演出　同じ事柄に関しても、それぞれ持つイメージが異なる。イメージを共有し、現実をリアルに体験していくためには、理性的な理解だけではなく、身体知を伴う学びでなければならない。

以下第2節では、代表的な演劇ワークショップから三つの実践例を取り上

げる。竹内敏晴、ヴォイオラ・スポーリン、アウグスト・ボアールの三者である。各人の実践はいずれも、応用演劇（applied drama）の要素が強い[7]。応用演劇は、観客を前にして上演を目的とするのではなく、演劇の方法論を他の領域で活用することを目指したものである。そこで筆者は、先にあげた各人の取り組みをそれぞれ、自己への気づき、他者との交わり、問題への取り組みを深めていくための実践として位置づけ、考察したい。これらはいずれも支援者として自己覚知、コミュニケーション技能、課題解決技能とかかわりを持つものと考えられる。

2．ソーシャルワークと演劇ワークショップの接点―演劇的知を生かす―

1）自己への気づきを促す―竹内敏晴の「からだ」と「ことば」のレッスン―

「自己への気づき」は、社会福祉士における自己覚知を意味する。社会福祉士にとって自らの行動や言葉遣いの、くせや傾向に気づくことは、自分自身の価値観に気づくことでもある。社会福祉士は、対人支援の専門家として自らの「くせ」や「傾向」がクライエントに及ぼす影響を理解しておかねばならない[8]。

そこで、自己への気づきを高めるために、竹内敏晴の実践から示唆を得てみよう。竹内敏晴の「からだ」と「ことば」のレッスン（以下、「竹内レッスン」）は、自己への気づきを得る活動の、わが国における草分けだといえる。竹内のレッスンは、演劇界のみならず、教育や心理臨床にまで広く影響を及ぼしてきた。特に、教員や吃音を有する人々とのレッスンは、支援活動にかかわる私たちにして感銘を受けるほどであるし、その展開手法は示唆に富んでいる。竹内の著作『ことばが劈かれるとき』は教育や心理臨床において必読書になっているほどだ。「聞こえ」と「ことば」の機能に障害を抱えていた竹内の、「ことば」の世界との邂逅に感銘を覚える名著である。

竹内レッスンの特徴は、ことばもからだとの関係で捉えることにある。竹内にとって「ことば」とは、「からだ」の内部からあふれ出て、他者に向

かっていく「行動」なのである（竹内 1999a：35 頁）。竹内レッスンにおいては、たびたび「とうりゃんせ」「もしもしかめよ」といった歌のエクササイズが登場する。歌手を育てることが目的ではないので、レッスン参加者が上手に歌いこなすことが大切なのではない。歌で語られる「ことば」に耳を傾け、「からだ」ごと理解していくプロセスが大切なのである。ことばの働きを理解し、生きた歌が「語られ」るためにはからだが感情を受けとめていなくてはならない。

竹内レッスンでは導入部で、2人1組になり、一人が相手の周りのどの位置にどんな姿勢で立つとき最も落ち着けるかを探るレッスンがある。竹内は、ためらうことなく相手の真正面にやや離れて位置をとる人が、看護を仕事とする人や体育関係のベテランに多いと考察している。その人たちからは、相手の全身が見えたり、状態が一目でわかるという共通の返答がくるらしい。しかし、その位置に立たれた相手は、圧迫感がある、と答えるという（竹内 1999b：164-165 頁）。

非言語的コミュニケーションにおける「空間距離」に該当するだろうこのレッスンによって、私たちは示唆を受ける。何気ない他者との空間距離が、人に対してどのような意識を与えているのか知らなければならない。些細なことではあるが、人との関係性を構築するために、こうしたレッスンを通して、自らのこえやからだが自己の内部へ、あるいは他者に対してどのように反応しているのか気づいていくことは、有効である。竹内はいう（竹内 1999b：165 頁）。

> 自分自身が相手から見られているのだ、見られているものが見ているのだという自覚がなければ、相手を受け入れるためというよりは、相手を観察するための身構えになるほかない。

たとえば、摂食障害の女性が一つのリンゴを前にして、「リンゴか……」とつぶやいたとする。この女性はどんなつぶやき方をしたのだろうか。なに不自由ない食生活を送り、食事をとりたいという意欲がわき、食べた食事がおいしいものならばおいしく感じられるような日常にある人が、ふだんの生活のままに「リンゴか……」とつぶやいたとしても、摂食障害の女性の生活

に迫った、ライフストーリーを生きたことばにはならない。食をおいしいと感じられないことはどういうことなのか。まずリンゴのおいしさを理解し、それを全身で表現したうえで、あらためて人間の生活においておいしく感じられないことの意味を考えていかねばならない。また、摂食障害を引き起こした要因をたどりながらその女性の全体像を理解していかねばならないであろう。

　観察者としての冷めた態度は、時としてロールプレイへの情緒移入を遮断する。ロールプレイにより役割を担うということは、演じる役割の生活史とともに歩むことなのである[9]。「一つの役の人物のせりふを一つ一つ理解し、それを自分のことばとし、自分の表現として人々の前に差し出し、検証されつつ進んでゆくというプロセスを歩み切ろうとする意志」が、役割の担い手一人ひとりの「変化を支え」ていくのである（竹内1999b：170頁）。

　筆者は、「からだたちは表現したがっている。ねじれや歪みをまっすぐにし、なにかを吐き出し、生き生きしたがっている」（竹内1999b：171頁）とする竹内のことばに耳を傾け、学び手自身から引き出される力を待ち続けたいと思っている。福祉現場における次世代の担い手が成長していくためには、学び手から紡ぎ出されるメッセージに信頼を寄せることが私たちの使命なのである。

２）他者との交わりを促す－スポーリンのシアターゲーム－

　「他者との交わり」は対人関係コミュニケーションのことであり、他者にメッセージを伝えることに伴う自身の身体の変化への気づきを指している。「シアターゲーム」（theatre games）で知られるヴォイオラ・スポーリン（Viola Spolin）の実践から検討してみよう。

　スポーリンの経歴をさかのぼると、その初期はソーシャルワークに所縁がある人物だとわかる。ジェーン・アダムズ（Jane Addams）がシカゴに開設したセツルメントハウス（settlement house）であるハル・ハウス（Hull House）では、女性や子どもたちを対象とした講座や企画が多岐にわたって実施されていた。そのグループワークプログラムのなかに、社会学者のネヴァ・

ボイド (Neva Boyd) が開講したトレーニング・スクール (Neva Boyd's Group Work School) が設けられていた。当初より、何らかの生活課題を抱える人々の支援に遊びを導入することの意義を唱えていたボイドは、伝承遊びやダンス、演劇などを活用して自己表現を促すことによって、特に地元の子どもたちと移民の子どもたちの交流を支えようとした。それが、コミュニティ (community) の活性化に重要な役割を果たしたのである。

ここで、セツルメントワーカー (settlement worker) を志すスポーリンと、ボイドの出会いがあった。ボイドのグループワークスキルや伝承遊び、演劇などをふんだんに使った指導法に、スポーリンは次第に魅了されていく。そして、ボイドから受けた指導が、後に生まれるシアターゲームの基盤となっている。

こうした背景からわかるように、スポーリンによりシステムとしてまとめられたシアターゲーム[10]は、上演を目的とした演劇のスペシャリストを対象にした方法ではなかった。社会福祉や教育の現場において、初めて演劇に触れる人々を対象とするなかで生まれた方法なのである(熊谷1999)。したがって、現場から始まっているだけに、ゲームの要素を生かすことによってグループで楽しみながら課題を解決していく現実的なニーズと一体化した方法だといえる。

それでは、シアターゲームの特徴をあげてみよう。

スポーリンは、「体験することに対する個々の受容能力を高めることが、個人の秘められた潜在能力を呼び覚ます」とし、体験することは知的、身体的、直観的の各レベルから「有機体として丸ごと環境と関わる」ことであるという(スポーリン2005:18頁)。

ゲームによってグループ関係を形成していくための自発性が促されるが、「完全な環境のなかの完全な自己というこの融合体験からサポートが現われ、さらに個人を開放させてゲームのなかで必要になるであろうあらゆるコミュニケーションスキルを成長させる信頼が現れる」というわけである(スポーリン2005:21頁)。

また、生活課題の解決を念頭に置いた方法であったため、その場1回限り

の体験とならないように配慮される。スポーリンは、「日々の生活に学習プロセスを移行する」(carrying the learning process into daily life) という概念を用い、人為的につくり出される環境が、日々の生活体験を新鮮なものとして受けとめられるような方法で行うことを目指したのである。

ワークショップは、「課題解決」(problem-solving) のためにまず「フォーカス（集中点）」(focus〔the point of concentration〕) が示される。そして、ファシリテーターの「サイドコーチング」(side-coaching) によりゲームが進められ、「評価」(evaluation) によって終了する。これが一連の流れである（スポーリン2005：34-46頁）。

一つのゲーム（Who Game）からその手続きを説明していこう。

まずAが舞台にいる。Aは自分が何者（どのような職業）であるか知らされていない。そこへBがやってくる。BはAが何者であるか知っている。Bの行動や言動はすべて何者かであるAに向けられたものである。果たしてAは、Bのかかわり方によって自分が何者を演じているのか気づくことができるだろうか。

このゲームにおいてフォーカスは、ことばで説明するのではなく、関係が自然に表れてくるように行ったかということである。サイドコーチ（サイドコーチングを行う人）はフォーカスがぶれないように、「説明に頼らずに」「急がずに」「自分が誰かわかるまで自然な感じで」と声をかける。そして、「説明的にならなかったか」「関係が現れてくるまで自然な流れにまかせていたか」といったことが評価のポイントとなる。

2人で行うのが基本だが、人数を増やすこともできる。一人が何らかの作業をし始め、その作業の様子を見て（説明しない）一人ずつ加わっていくゲーム（Part of a Whole Activity）がある。これは、「何の作業をしていたか」「作業という全体のなかで一部分として機能していたか」が評価ポイントになっている。

また、よく知られたゲームに、ジブリッシュ（Gibberish）や綱引き（Tug of War）などがある。ジブリッシュは、でたらめな外国語のことである。お互いに、何語かもわからないようなでたらめな外国語を話して、会話を成立さ

せればよい。いくら頭で考えても、理解不可能なので話は進まない。だから頭で考えてはならない。イントネーションや表情、身体表現を感じて、素早く応答していかなくてはならない。綱引きは架空のものである。綱の太さや重さ、長さを感じながらお互いに引き合う。綱を感じながら引き合うと、だんだん力がこもってきて最後には勝負がついてしまう。もちろん勝負の行方も架空なのだが、お互いの呼吸を感じることによって結果が表れるのである。

いずれも単純明快なゲームだがやってみると意外に難しく、繰り返しやってみると単純明快なゲームのなかにあるその奥深さに気づく。

3）問題に取り組む－アウグスト・ボアールのシアターフォーラム－

かつて、上野一雄（1937）は雑誌『社會事業』に「大衆的宣傳機關としての演劇と社會事業」なる論文を投稿している。この論文のなかで上野は、「その社會が直面してゐる問題とか、或はその時代に直面する人達に共通する苦惱とかを端的に表現しようと努力してゐる演劇人の仕事の中に、全ゆる階級の、そして全ゆる立場の人達が、不憫、自分達の姿を振り返つてみなければならなくなる様な、啓發され、考へさせられるものを發見する事が、あります」と、述べている。

戦前より、すでにこのような視野から演劇と社会事業の接近をはかった論考が見られる。シェイクスピアがハムレットによって「演劇は社会の鏡である」と語ったように[11]、演劇は社会で起こるさまざまなできごとに着想を得て、演劇的行動によって主張する。社会の動きを追いながら、観客の社会観を刺激していく側面もある。演劇は、演技による直接的表現や、照明や音響、舞台装置などによる間接的表現という表現方法の多様性によって、社会における問題の象徴的な場面を際だたせるように描き出し、場面の前後を読み取ろうとする観客の想像力を喚起する[12]。

演劇を自らの生活や社会を映し出す鏡として捉えた時、コミュニティに生きる者としての市民と演劇の接点が生まれる。その捉え方はどのようなものでもいい。ぎこちないからだやこえからの回復作業として捉えることもあれば、ストレスからの解放や浄化（カタルシス）のために活用してもいい。また、

社会問題に対する意識を向上し、改善のための具体策を講じる手がかりにしてもいい。そのような視点で捉えることにより、演劇はまさしく市民のものであり、社会のものであり得る。

さてここで、「被抑圧者の演劇」(Theatre of the Oppressed)で知られるブラジルの演出家、アウグスト・ボアール(Augusto Boal)の実践を紹介しよう。ボアールは、間違いなく今日の演劇界に影響を与えた演出家の一人である。ボアールの活動は、演劇界ではむしろ異端の部類に入る。演劇界よりもむしろ、教育の世界に与えた影響は計り知れない。またボアールは、南米のソーシャルワーカーの活動にも影響を与えたという(市橋 1998)。ボアールの演出術(dramaturgy)、その功績は、演劇に対する文学的解釈にあるのではない。アクティブな即興性によって、観客をも巻き込み、次々にその場で文脈をつくり替えていくところにある。さらに政治にもかかわるなかで、制度・政策を民衆の意志が反映されたものとするべく、演劇を用いながらつくり上げていくこともあった。きわめて異彩を放つ人物である[13]。ボアールが実践してきた数々の方法論のうち「シアターフォーラム」(theatre forum)は、ボアール自身だけではなく、影響を受けた多くの個人や団体によって広く活動が繰り広げられている。

この方法が課題解決のための演劇であるという観点から、社会福祉士の養成教育に刺激を得るものとして、やや紙幅を使って説明したい。

ボアールは、「演劇の生産手段は人間それ自身である」といい、「演劇的生産手段を自分で自由に使いこなせるようにするためには、人はまず自分のからだを思いのままにうごかせねばならぬし、それをより表現力ゆたかなものにするためには、自分のからだについてよく研究しておかねばならない」と述べる。そして、「『観客』の位置から解放されて『行為者(俳優)』となり、客体であることをやめて主体となり、かつてそうであった見物人から劇の主役へと変容する」と、独自の視点を示すのである(ボアール 1984：24-25頁)。

ボアールのこうした考え方は、次の一節に代表される。

> そう、これが結論であることに疑問の余地はない。「観客」ということばは悪いことばなのだ。観客とは、一人の人間以下の存在である。観客

を人間化すること。からだをひらいて、精いっぱい行動する力を、彼のもとに奪いかえすこと。そのことが必要なのだ。観客は俳優とおなじように、主体として、行為する人間として、存在しなければならないのである。観客は俳優となる。そして、俳優もまた観客となる。そのどちらもが主体として、行為者として、同等な立場にたたねばならないのだ。

すべての民衆演劇の実験は、おなじただひとつの目的をめざしている。観客を解放すること、すなわちそれである（ボアール 1984：78-79 頁）。

ボアールは、観客の問題意識を誘発する演劇を意図的に仕掛ける。それは、観客、すなわちコミュニティを形成する一市民が生活する社会が抱えている問題である。このことにより、社会に暗躍する生活課題あるいは広く社会問題に対して自覚的になることができる。観客はもはや「観客」でいられなくなっていく。

さて、民衆を「観客」から解放し、行為者へと表現力を高めていくためにボアールは、「自分のからだを知る」「からだの表現力を高める」「演劇を言語として用いる」「私の考えを演劇で示す」の４段階の手順を踏む（ボアール 1984：25-77 頁）。

第１段階である「自分のからだを知る」（knowing the body）は、自分自身のからだを理解するために行われる。労働によってどのように社会的にからだがゆがめられてきたのか、どのようにしてからだのゆがみを解放していくのか、また自らのからだが抱える可能性と限界を感じとるのである。

この段階では、「ゆっくり競争」「二人三脚」「車競争」「催眠術」「ボクシング・マッチ」といったエクササイズの一例を挙げている。たとえば、「ゆっくり競争」は最も遅い者が勝者となる競争であり、「催眠術」は２人のパートナーが向かい合い、一人が相手の顔の前で柔軟に手を動かし、もう一人は一定の間隔を保ちながらその動きを追う、といったトレーニングである。しかし参加者の、ただ単に「やらされている」という感覚を払拭するため、参加者には常に新たな練習を考案するよう求められる。それによって「創造的な雰囲気をたもちつづける」ことが大切だという。

このような独自のトレーニングによって、まずバランス感覚や身体の動き

を自ら客観的に考察し、分析するわけである。

　第2段階は、「からだの表現力を高める」(making the body expressive) ことである。この段階において、からだを自己表現のための資源として活用する方法が駆使される。からだを使って表現することは、からだを表現の手段として用いながら語り合うことでもある。普段使うことのないからだの動きによって、日常の抑圧から解放されることを目指すのである。たとえば、各自動物になりきって仲間である動物を探すゲームを行う。

　第1段階および第2段階が課題を意識化していくためのウォーミングアップであるとするならば、具体的な行動につなげていく段階が、第3段階の「演劇を言語としてもちいる」(the theatre as language) であり、第4段階の「私の考えを演劇で示す」(the theatre as discourse) なのである。その中心となる技法が、イメージシアター (image theatre、彫像演劇) やシアターフォーラム (theatre forum、討論劇) である。俳優があるテーマを演じることになるが、結末をどうするかは観客に提案を委ねる。俳優の台詞や行動に意見があれば指摘してもらい、観客によってつくり変えていってもらうのである。イメージシアターは身体表現で主張をイメージ化するものであり、シアターフォーラムは観客自らが主張を示すために全身を使って演じるものなのである。これを繰り返し行うことによって、現実を変えていくための具体的手段につなげていくことが目的である。この視点や方法はソーシャルワークにも結びつくものであり、養成課程のロールプレイに生かしていくことができる。

　たとえば、いじめという題材をもとに行ったシアターフォーラムでは次のような展開が見られた。わかりやすくなるように、語られた内容によりいじめに対する「肯定」「否定」と表記している。

　　肯定「暗い」
　　肯定「人と交わろうとしない」
　　否定「その子の弱点を指摘し続ければ、誰でも暗くなってしまうし、人と交わろうとしなくなるのではないか」
　　肯定「それならば言い返せばよいではないか」
　　否定「果たして言い返せるものだろうか」

↓

結果「いじめることによって傷つけ、追い込んでいくこと」によって、いじめられる側は「逃げ場がなくなり、立ち向っていく気力さえ失ってしまう」

シアターフォーラムによるやりとりを続けた後、ロープを使って「逃げ場」がなくなる様子をイメージ化してみた。肯定側の学び手がロープの両端を持つようにし、何人か配置する。ロープは7、8本用意している。そして、否定派の学び手をロープでがんじがらめにしていく。逃げ場のない状態は、まるで蜘蛛の糸に絡まったかのようである。追い詰められる状態をロープによって立体化する方法である。こうした技法を用いて、ことばだけではなく立体的にその状況を表現していくわけである。

3．演劇的知の構築―ロールプレイの新たな一面を見出す―

1）支援者の養成に求められる響き合うからだと表現教育

ソーシャルワーク実践を展開していくとき、理論的基盤に基づいた客観性の高い活動でなければ、一貫性があり、流れのある支援には結びつかない。効果的な支援活動に結びつくためには、人間（クライエント）と人間（支援者）をつなぐ信頼感や情緒的絆が必要である。人間的つながりを保ちながら、いかに専門的支援関係をつくっていくのかに視線を注がなければならない。

人間的つながりは、クライエントの表現する世界とワーカーの表現する世界の交感だといえる。ワーカーに求められるのは、クライエントに的確に想いや情報を伝えることのできる表現方法を獲得していることと、クライエントから伝えられる表現を理解し、受けとめていくことである。さまざまな表現方法や価値観のバリエーションを豊かにしておくことが、私たちに求められているのである。

黒川（1989：105頁）は、クライエントが自らの感情をことばにして発するためには、次の四つの段階に障害がないことが必要であるという。

①本人は、自分の不安、悩み、怒り、悲しみの原因や理由がよくわかって

いること。
②このような強烈な感情の由来を言葉で表現しうること。
③クライエントがワーカーに対して、ワーカーに理解しうる言葉で自分の不安、悩み、悲しみ、怒りと表現しうること。
④ワーカーは、クライエントの表現が不充分で不正確であったとしても、それを全面的に理解しようという準備態勢があり、クライエントに、自分がこのように理解しているが誤りがないかどうか確認のメッセージを伝えることができなければならない。

　必ずしも、誰もが理解することのできることばによって意思疎通を図れるとは限らない。クライエントはことばでは言い表せないような混沌とした想いを抱えているかもしれない。ことばだけではなく、身体表現を用いながらその混沌とした想いを表現しているかもしれない。それだけ人間の表現方法はバリエーション豊かなのである。したがって、社会福祉士には、クライエントから多様な形で伝えられる表現世界を受けとめ、適切な表現で伝え返していく力が求められている。

　社会福祉士は、常にこうした双方向の表現に障害を抱える可能性があることを自覚し、表現世界を豊かにしていく努力を続けなければならないだろう。社会福祉士は、クライエントが個々に発する表現に敏感であり、支援者としての自らの表現も豊かでなければならない。「表現力」は、社会福祉士が身につけておくべきスキルの一つとして、明確に位置づけられるべきではないだろうか。

　さてここで、フィリピン教育演劇協会（PETA）のテクニックから、自発性と創造性によって、表現力を養うのに有効だと思われるトレーニングを紹介してみよう。

　まず一人、感じたままに何らかの形をからだで表す。何か具体的なテーマ（たとえば、「木」「雲」など）をあげて、それに相当する個人のイメージを表現してもいい。最初は後者の方がやりやすいかもしれない。そこへ、徐々に人が加わっていき、各自イメージをからだで表す。イメージの世界は独自の表現なのだが、個性がぶつかり合うような表し方ではいけない。一つの絵とな

るようにつながりを保っていくというところがみそなのである。決して考えすぎてはいけない。展開し、生み出されていく表現を楽しむ。つまりこれは、表現に触発され、徐々につながり合っていくことを体験する技法なのである。

　もしグループに分かれていたら、最終的に表現されたイメージに対して観ていた別のグループに、こうしたらもっとよくなるのではないかと、表現された形をつくり変えてもらってもいい。これを家族や社会問題に置き換えてイメージを表現し、検討していくこともできるわけだ。

　さて、社会福祉士の支援対象は、個人やグループ、家族、組織、あるいは制度や政策にも及ぶ多岐にわたるものである。それら対象のイメージをすべて具体的に捉えていくことは難しい。知識だけでは限界がある。ソーシャルワーク実践は、きわめて現実的な生活課題を、具体的な支援プログラムによって改善していこうとする。現実的かつ具体的であるためには、現実をできる限りありのままの姿で捉え、具体的支援につながるようなイメージをもっていなくてはならない。

　演劇的技法により、現実からかけ離れたイメージから入っていったとしても、それを繰り返し行っていくことによって現実と想像の調和を図っていくことができる。現実に取り組む方向性が見えてくる。たとえ目前の課題を正確に捉えているとはいえなくても、演劇的技法によりさまざまな角度から繰り返し思索することによって、現実問題に向かっていくことができるのだ。

2）独白（モノローグ）から対話（ダイアローグ）へ

　前節で述べたボアールは、ブラジルの教育哲学者、パウロ・フレイレ（Paulo Freire）の影響を受けている。フレイレは、民族的事情や経済的事情などによって文字の読み書きができない人々に対する識字教育の実践で知られる。フレイレの教育学が最も重視したのは「対話」(dialogue) である。フレイレは、対話には、「つくり、つくりかえ、創造し創造しなおす人間の能力にたいする信頼」（フレイレ1979：101頁）が必要であると説く。

　つまり対話は双方向の信頼に基づく、対等な関係から生み出される。学生は無知であるがゆえに教えられる、という考えの放棄であり、排除である。

ストレングスやエンパワーメントの発想である。課題とされる状況に対する意識化によって、課題に対する自発的かつ創造的取り組みが可能となる。ボアール的発想では、学び手が「観客」的役割から行為の主人公になる変容過程へと促すということになろうか。

寺山修司は、劇中に観客をも取り込む方法で「天井桟敷」を主催して当時の若者の熱狂をさらった。寺山もまた「観客論」のなかで、「多様に交差する『見る』者と『見られる者』との関係が、一つの相互体験として共有されたとき、劇は中途から台本の流れを踏み越えて即興化してゆく」(寺山 1983：22頁) と述べる。そして、「もともと、『観客』という存在は、在るものではなく、成るものであるから、俳優に『あなた』と呼ばれ、『さわりあう』ことを受け容れたときから、『観客』は従来の観客ではなく、劇のなかで一つの役割を演じている登場人物に変質させられているとも言えるだろう」(寺山 1983：26頁) という。

こうした指摘と同じようなことが、養成教育のロールプレイにもいえる。ロールプレイでは、提示された課題に対する一方的な傍観者をつくらないよう工夫しなければならない。

先述した3人の方法は、その方法論に違いはあっても、対話のプロセスを支えるスキルだといえる。ここで心にとめておかねばならないことがある。ことばの意味を解釈し、理解することと、ことばがからだに届き、話しかけられた感覚を覚えることは別物である。ここに対話の本質がある。クライエントに「とどく」ことばを手がかりとして、関係をあたためていく実感を積み重ねていくことで、社会福祉士はようやくクライエントにとって意味ある専門職になっていくのである。関係から生み出される表現によって新たな発想や斬新な発想が生み出される。まず養成教育の段階から、そのことを実感していく必要があろう。

尾崎 (2006) は、利用者と向き合うとは、①利用者の暮らし全体、生きてきた歴史、そして「わからなさ」に想像力を動員することであり、②援助者が利用者と向き合おうとする時、援助者は自分とも向き合う必要があり、特に援助者自身の援助にかかわる動機、事情、傾向、感情の動きに向き合い、

自分から逃げない必要があること、③さらに、援助者と利用者の間で対話とことばを生きたものにする出発点は以上の二つの過程を丁寧に通過することである、と指摘している。

「生きたものにする」とはどういうことであろうか。人間が互いに向かい合い、ただちに発語すれば対話が成立するのではない。あたかも、ことばを介して、からだとこころを預けるような感覚とでもいえよう。生活の臭いをただよわせながら、人間として対等に呼応し合う関係性のなかから育まれるものなのである。社会福祉士としての自己と、社会福祉士である前に人間である自己、そしてクライエントとして支援を必要とする人と、クライエントである前に人間であるその人。人の身になるとは、ある瞬間に成り立つ理解のことばかりでなく、それを出発点として、長い時間をかけて相手と築き上げていく関係のことなのである（竹内 1999b：56頁）。社会福祉士の仕事は、秘かにその人の身になり、ともに生きることを築いていく作業（竹内 1999b：58頁）に他ならない。

ボアールの「被抑圧者の演劇」に流れる基本となる精神は、あらゆる人間の間で交わされる健康的な力動（healthy dynamic）は共通して対話である、というものだった。したがって、人々が対話による関係性を築かず、独白を拠り所としてしまう時、結果として抑圧が生じることになる。ボアールの方法は、伝統的なパフォーマンスであった独白の様式から観客とステージの空間を埋める対話の様式へと変容させたのであった。

ただし、独白の価値も演劇は重視してきたし、サイコドラマでもよく使われる技法だ。内面世界を一人語りで観客に伝える方法である。これはある意味、自分自身の抱える世界の吐露であり、伝える方向が他者ではなく自己へと向かっている。しかし一方で、自己との対話が成立しているともいえる。不登校や閉じこもり、薬物依存症という、内的世界が過剰に強い人々を表現するために、この独白という方法は有効である。他者との対話が崩れることにより精神世界がかえって壊れていく様を表現することもできる。

こうした発想から、あえてロールプレイにおいて意図的に独白空間をつくってみるのも面白い。彼（彼女）の内面で何が起こったのかをさまざまな

角度から検討していくこともできるわけだ。

3）演劇ワークショップの可能性から養成教育を見つめ直す
(1)　「体験」によって学ぶ「環境」の影響

　ワークショップ、つまり作業場は、常に能動的な場でなければならない。ワーク（work）とは、他動詞の「働きかける」を意味するからである。人間や環境に対して、まるで生き物であるかのように変容をもたらさんと働きかける空間がワークショップなのである。

　ワークショップはまさしく中野（2001：148頁）が述べるように、「ホリスティックな学びの手法」であり、「ボディ＝身体」「マインド＝知性」「スピリット＝霊性・直感」「エモーション＝感情」を大切にし、それぞれの要素が統合された時に効力を発揮する。また、言語教育や心理療法（サイコドラマ）の立場からベルナール・デュフ（Bernard Defeu）は、個人へのホリスティック（holistic）なアプローチのためには、身体、情意、知、社会、精神の各側面からかかわりを持たねばならない、と述べている。

　演劇ワークショップは、人間の全体性から現実に働きかけるための具体的行動でなければならない。演劇ワークショップは、演劇経験がなかったり、演劇を積極的にやろうとは思わなかった人たちに対して、能動的に演劇体験の有効性を理解する道を試行錯誤しながらつくってきたといえよう[14]。その意義は、演劇の可能性に対する新たな認識を生み出している（熊谷 2004a）。

　わが国における最近の演劇ワークショップでは、平田オリザの活動が顕著だ。平田は、「現代口語演劇」を提唱してきた。その意味するところは、平田の、基礎学力の向上および反復練習の見直しといった潮流に異議を唱える次の発言によって明らかである[15]。

　　私たちが生きる実人生は、複雑系の中にあり、それを細分化して反復練習するだけでは乗り切れない曖昧さを抱えています。反復練習だけでは、この複雑な実社会において要求される応用力、状況適応能力は育たないのです（平田 2004：138頁）。

　そして平田（2004：138-139頁）は、「学習の内容を細分化して記憶するので

はなく、複雑な体験の中で学ぶ必要がある」と述べる。生活のなかで「体験として記憶」されたものが、学習として「身になる」とする視点である。演劇はかねてから、「複雑な社会状況」や「人間の微細な精神の揺れ動き」を独特の演劇的手法をもって描き出してきた。そうした複雑なものの全体像をいかに鮮明に舞台上で表現するかが、平田の目指すところなのである。複雑な社会関係を理解していくためには、まさしく「体験として記憶」することが望ましい姿だといえる。

　ここで「社会関係」ということばを使用したが、こうして考えてみると、この「複雑な社会状況」や「人間の微細な精神の揺れ動き」といったものはソーシャルワークの視点やそれが対応していくべき課題とつながりをもっていることがわかる。

　平田のつくり出す演劇は、同じ場面でさまざまな場所から同時に会話が始まる。「静かな演劇」とかつて呼ばれた同時多発会話なる手法は、アフォーダンス研究者から注目されてきた（後安 2006）。佐々木（2006）によるとアフォーダンス（affordance）は、「環境が、私たちに与えている行為の可能性」のことである。平田（2004：133-134頁）は「話す」という行為について、「主体的に喋っていると同時に、環境によって喋らされている」とする。そして、「俳優にとって、『環境』の最大のものは相手」だが、それだけではなく、「舞台美術、照明、衣装など、あらゆるものが複雑に絡み合って、一つの台詞を発語する条件を決定してい」る、と述べている。徹底して「環境」に重きを置いていることがわかる。

　この環境という切り口から人間の行為を見つめるまなざしは、ソーシャルワーク研究の立場から見ても刺激的だ。人と環境は互いに影響し合っているため、環境によってクライエントの言動や行動が変質する。また、クライエント自身も環境の構成要素なので、周囲の環境に影響を与えている。支援者もまた同様である。私たちの存在のしかたは、自分自身も含む環境によってもたらされるのである。

(2)　具体的体験へ導く演劇的技法

　演劇は、人間が送る社会生活の全体性に働きかける行為である。中村

(1990：147頁) は、「演劇は、通常では見えにくい隠された現実、深層の現実をあらわにするために、いろいろな仕掛けを設ける。それらの仕掛けをそなえた演劇は虚構であるとはいえ、人間的生の在り様を凝縮的に体現することによって、演劇は、かえってよく有機的でダイナミックな人間的世界を表現しうる」と述べている[16]。また菊川 (1998：226頁) は、「演劇は、人間が生きていくプロセスを示す時間があり、物語るなどの時間がある。劇の世界を示す時間があり、劇場内での演者と観客との時間があり、人々の現実・日常の時間がある。そして同時に、人物が生きる時間があり、示される世界 (宇宙) の空間がある。つまり、劇世界を示す空間があり、劇場 (演者と観客) の空間があり、人々の現実・日常の空間がある。演劇は時間と空間の両要素を持った総合芸術である」と述べる。

たとえ、表現方法がイメージの世界、虚構であったとしても、現実の世界から人間の全体像を捉え、演劇独特の方法論で伝えようとしているにすぎない。現実の生活や人間の全体性から離れた演劇や支援活動はあり得ない。たとえ、何ら意味をなさない笑いだけに見える演劇であっても、そこには確かなる主張がある。「笑い療法」があるように、笑いによってこころが満たされ、生活に潤いを取り戻すのであれば、それは当事者にとってまさしく意味ある行為なのである。

演技は、ことばだけではなく、表情や動きによって豊かな像を描き出す。演劇的視点を加えるならば、それだけにとどまらず、五感を活用した方法の必要性が説かれることになる。もっとも、このことはただちにことばの可能性を否定するものではない。表情や動きといった演技性の強いパフォーマンスがことばを支える役割を果たしているのだといえる。

演技によって、ことばやそれを支える思考過程が立体的なイメージとして提示され、立体化されたイメージの多面性が見えてくる。

ただし、人間は日常生活において何らかの役割を生きているとはいえ、そこに目に見えるシナリオが存在するわけではない。台詞 (＝ことば) は交わされてはいるが、台詞のすき間 (行間) をうめるためのト書きは、私たちの目に文字として見えるようには提示されない。台詞を話す人々の行為のなか

にこそト書きがあるといってよい。私たちはそれを読み取らなければ、その人が発する台詞を真に理解したことにはならない。

ことばには限界がある。ことばは伝え手と受け手の意思が合致して初めて通じ合う。ことばによる意思疎通は、時として互いを傷つけ合い、立ち直れなくなるほどのダメージを与える。ことばは魔物である。伝え手の伝え方には伝えるための技術が必要である。受け手は伝えられたメッセージを受け手なりに判断し、理解していく。それが誤った方向にいくと曲解になり、多くの誤解を生み出してしまう。シェイクスピアによる喜劇の傑作「間違いの喜劇」は、誤解が誤解を生んでいくさまを描いた傑作だった。ことばだけに頼ることは危険を伴うものである。特に、支援者養成教育では、一方通行の支援スキルの習得ではなく、クライエントの置かれた環境やそこからクライエントが培ってきた人間性や人生観を理解したうえで求められるスキルを必要に応じて選別し、活用していく力を身につけていかなければならない。

また、それらスキルの裏づけとなる支援観について学んでいかなくてはならない。したがって、確実に学生に伝わる方法で教育を実施しなければならないだろう。そこで本章では、ことばだけに頼る教育ではなく、演劇的知を最大限に活用した養成教育の可能性を提示してきたわけである。

竹内（1999a：101頁）は、「ひとつひとつのことばとふれ合い、その響きがわたしたちのからだ（とこころ）の深層から目ざめさせてくる動きに感応すること、それが、ひとを知る（理解する）ということ」だと述べる。竹内のことばに、社会福祉士としての感性が呼応した時が、ソーシャルワークと演劇的知の新たな出発である。演劇的知の視点という大地があってこそ、演劇的技法はソーシャルワークや教育の世界においていくらでも応用可能なものとなる。

先述したように、人と人が人間として向き合い、ことばを発しなくても何らかの交わりを結ぼうとする行いは、きわめて能動的な行為である。演劇はそうした行為を、象徴的に舞台という特殊な空間で表現しようとする。特殊な空間であるがゆえに、確かにそれは虚構の世界である。しかしボアールがいうように、体験としてはすさまじく「具体的」なのである（ボアール

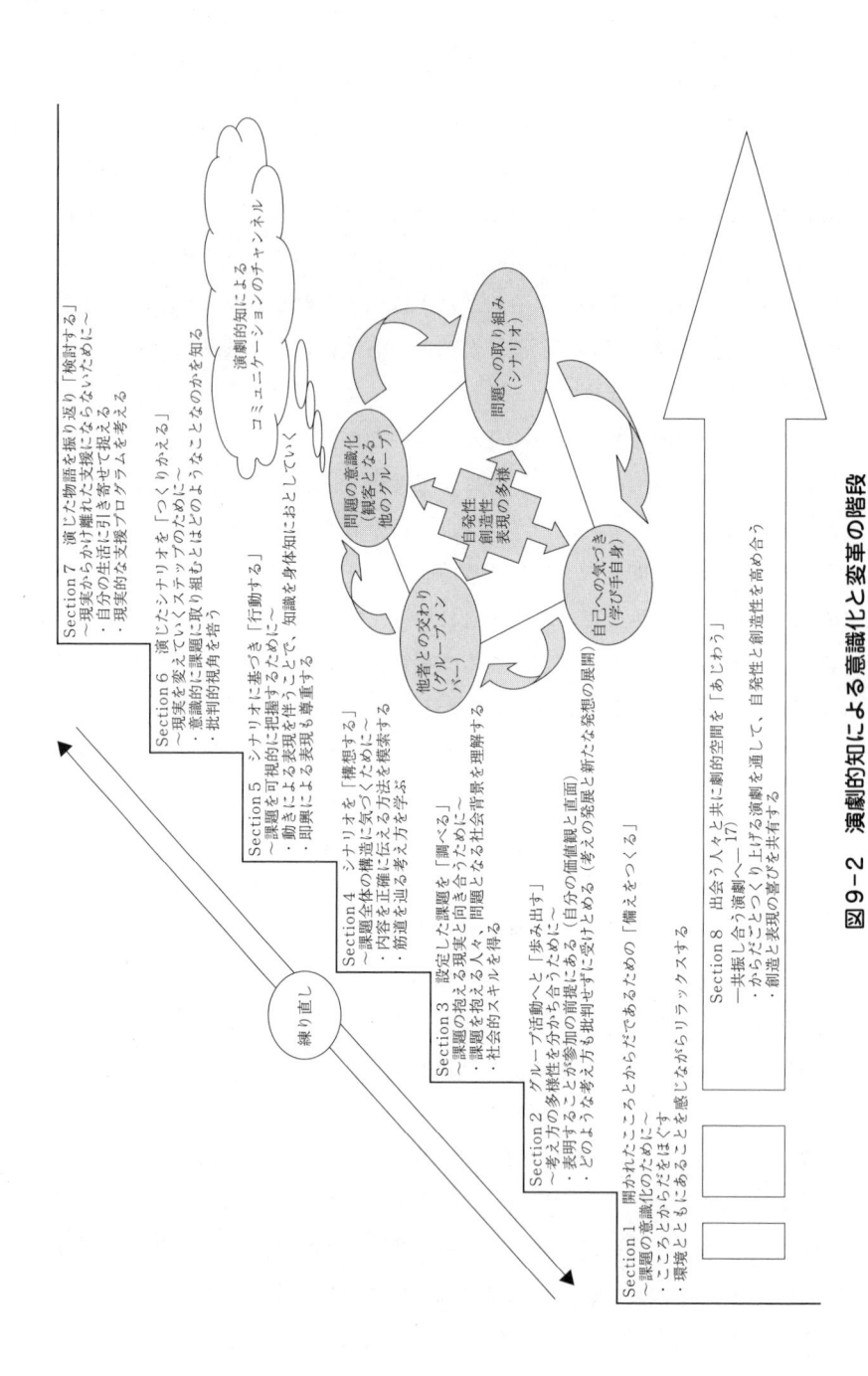

[Section 7 演じた物語を振り返り「検討する」]
〜現実からかけ離れた支援にならないために〜
・自分の生活に引き寄せて捉える
・現実的な支援プログラムを考える

演劇的知による
コミュニケーションのチャンネル

問題の意識化
（観客となる
他のグループ）

問題への取り組み
（シナリオ）

自発性
創造性
表現の多様

自己への気づき
（学び手自身）

他者との交わり
（グループ
パートナー）

[Section 6 演じたシナリオに基づく「行動する」]
〜現実を変えていくステップのために〜
・意識的に課題に取り組むとはどのようなことなのかを知る
・知識を身体知としていく

[Section 5 シナリオを「構想する」]
〜課題を可視的に把握するために〜
・動きによる表現を伴うことで、批判的視角も培う
・即興による表現を模索する

[Section 4 設定した課題を「開く」]
〜課題全体と向き合うために〜
・内容を正確に伝えるために
・筋道を辿る考え方を学ぶ

練り直し

[Section 3 グループ活動へと「歩み出す」]
〜課題の多様性を分かち合うために〜
・課題を抱えた人が参加の前提にある（自分の価値観と直面する）
・社会的スキルを得る

[Section 2 開かれたこころとからだを「備えをつくる」]
〜考え方を分かち合うために〜
・表明することからきほぐす
・どのような考え方も批判せずに受けとめる（考えの発展と新たな発想の展開）

[Section 1 開かれたこころとからだであるための「備えをつくる」]
〜課題の意識化のために〜
・こころとからだをほぐす
・環境とともにあることを感じながらリラックスする

[Section 8 出会う人々と共に劇的空間を「あじわう」]
〜共振し合う演劇へ――1?〜
・からだでつくり上げる演劇を通して、自発性と創造性を高め合う
・創造と表現の喜びを共有する

図9−2 演劇的知による意識化と変革の階段

176

1984：54頁)。

(3) 演劇的知から見つめ直すロールプレイの可能性

　演劇的知により、ロールプレイがより具体的な体験となるためのプロセスを、「演劇的知による意識化と変革の階段」として図9-2に提示することで、本章の締めくくりとしたい。本章のまとめとして、参考にしていただきたい。

　養成教育には、ソーシャルワークスキルを応用できる力を身につけると同時に、社会福祉士としてのアイデンティティを高めるという目的がある。人には誰しも、自分の信念や生き方がある。それが価値観を生み出し、その人らしさを決める。それは個人が有する「持ち味」と言い換えてもよいだろう。「持ち味」があり、それを理解し合えるからこそ、人間的交流が生まれる。「持ち味」は人によって異なる。だからこそ学び手には、演劇的知による学びを通して自身の持ち味に気づき、それを生かせるようなスキルを身につけていってほしい。学び手を支援する時、常に「持ち味」を引き出すことができるよう個人の良さに焦点をあてながら学習活動を進めていきたいものである。

　最後になるが、筆者は演劇的技法を用いる時、いつも学び手へ次のように語りかける。一つのことば遊びだが、学生たちに、そして筆者自身にも強く願っていることだ。

　"答えはひとつではない。自分自身を手がかりとしてさまざまな応えを持とう。

　なかなか応えが見いだせず、待ち続ける「時」は長くても、やがていつか、待った「時」の分だけ、手応えとなって活きる「とき」がやってくる。"

　≪注≫
[1] 本章では、ある人の生活の身近に起こった出来事を「課題」と表記し、社会的に広く関心を集める出来事を「問題」と表記した。
[2] 本章では、資格名称である「社会福祉士」に表記を統一した。また、文章上「支援者」と表記した箇所もある。「援助者」ではなく「支援者」と表記したのは、援助行動によってクライエントを側面から積極的に支えるという意図を強調す

3) たとえば小林（2006：92頁）は、家族看護の観点から演劇制作の意味について述べている。演劇では、「その家族の生活を描き出すために、たくさんの『設定』を行わなければならない」といい、「登場人物、その性格、職業、生い立ち、家族としての歴史、家族関係、役割分担、生活する地域の特性など、家族アセスメントに必須の要素をすべて設定しなければ、物語ははじまらない」と述べている。

4) これらの技法については、簡単にまとめた渡邊（2007a）を参考にされたい。

5) 演劇は確かに、芸術的娯楽の一つである。その娯楽性のなかに、社会現象の波のなかで揺れ動く人々の苦悩や苦悶を描き出し、観客である私たちの五感を刺激する側面も持っている。直接それがソーシャルアクションにつながっていくことは少ないであろうが、総合芸術のフィルターを通して自らの問題意識が触発される観客もいる。

6) 筆者の実習生に対するもう一つの関心は、クライエントに向き合った時、実習生の「こころ」と「からだ」はどのように共鳴し合うのか、にある。このことはすなわち、実習という公的な場で出会った人々との「社会的関係」が実習生の「こころ」と「からだ」にどのような変容をもたらしたのかということでもある。

7) 応用演劇の特徴は、俳優と観客といったパターナリズム（paternalism）を廃し、その対等な関係にこだわり続けることにあるといえよう。演劇人に対して特殊な環境のなかで行われるのではなく、誰にでも開かれた演劇なのである。

8) 演技は、観客との関係において一体感を生み出すライブである。観客の視点を通してこそ客観的な演技が造形される。かつて世阿弥は62歳の時『花鏡』を著している。そのなかで、「離見の見」という言い回しを用い、客観的に自らの演技を見つめることの必要性を唱えている。すなわち、役者たる者、自身で意識する自己の姿だけではなく観客から見た自己の姿を見ることのできる眼を持つべきであることをいい表したものだ。この「離見の見」によって自己のこころの有り様をも見通すことができる、というわけである。この「離見の見」こそ、自己覚知ということである。独りよがりの内向世界は支援観を不適切なものへと陥らせる。支援職が備えるべき着眼点なのである。

9) 「役に入る」といわれる。役を繰り返し演じることによって、「役に入る」状態が起こる。これは、役者がまさしくその役になりきり（というよりも、その役に同化し）、気迫のこもった芝居をするさまを表したことばである。いわゆるスピリチュアルな部分である。ロールプレイにおいて、この「役に入る」ことがもっと求められていいのではないか。何も、鬼気迫る演技を披露しなければならないわけではない。支援者養成においてロールプレイを行う時、「役に入る」とはすなわち対象に情緒移入することであり、共感することである。ただし実際の支援場面では、あまりにも対象に思い入れが強すぎると、もはや支

援活動として成立しない状態になることがある。したがって、ロールプレイによって、共感的感受性と、自己を客観視する技術を兼ね備えなければならない。

10) すべてのシアターゲームがスポーリンのオリジナルというわけではない。歴史の遺産に負うところが大きい。しかし、体系的にまとめ上げたのはスポーリンの功績である。

11) シェイクスピア劇が今もなお魅力にあふれ、相次いで上演されていくのは、人間が社会生活における関係性のなかで抱える情念を凝縮し、なおかつダイナミックに表現することのできる生きたことばとして書かれているからであろう。

12) 特に疑問を抱かず見過ごしてしまっている日常の出来事を、非日常化することにより際立たせる技法を「異化効果」と呼んでいる。これにより意識的に出来事を捉えるようになり、客観的なまなざしを向けることができるようになる。文学におけるロシアのフォルマリズムを代表するシクロフスキー（Viktor Shklovsky）が提唱した技法だったが、ドイツの演出家、ブレヒト（Bertolt Brecht）が演劇に導入した。この視点は、ボアールに影響を与えている。

13) 近年、ボアールの活動はセラピー色を強めている。その代表的な技法が、「欲望の虹」（The Rainbow of Desire）や「頭の中の警官」（Cop in The Head）である。

14) 演劇と聞き、不安や拒絶反応を示す者もなかにはいるだろう。そのために当初時間を費やすことになるのが、こころとからだをほぐすためのウォーミングアップゲームである。これは学生間の関係づくりおよびその後の演劇的技法の展開に重要な役割を果たす。演劇に積極的に取り組まない学生の考察については、熊谷（2004a）の論文が興味深い視点を提供してくれる。

15) イギリスやカナダの教育機関では、ドラマによる教育（ドラマ教育）が学校教育のなかに位置づけられている。即興的に展開していくドラマによって、創造的な課題解決力や判断力が引き出される、エンパワーメントを促す教育方法なのである（中川 2006：221 頁）。日本の活動は、渡部淳・正嘉昭編著（2006）『ドラマケーション―5分間でできる人間関係づくり―』晩成書房、が参考になる。私事で恐縮だが、執筆時点で5歳になる筆者の娘の話には、3歳後半頃から"リカちゃん"が登場する。実在の人物ではなく、彼女の心のなかにいる友達のようだ。話を聴いていくと、具体的なイメージがどんどん沸いてくる。生活世界が広がるにつれ、内容も具体性が増していく。現時点で知っている知識を総動員して、想像世界を拡大していく。対話によって具体的なイメージを広げていけるのは、ドラマ教育の強みだ。イメージを広げ、語っていくことの大切さと喜びを、学生世代に味わってもらいたいと思う。

16) 中村がいうように、演劇そのものはフィクションの世界が描き出されたものである。しかしそれは、「場所（トポス）のなかでの相互作用（インター・アクション）という人間的生の在り様を凝縮的に体現することによって、かえってよく有機的でダイナミックな人間的世界を表現しうる」のである（中村

1990：135頁)。
17) 筆者は、演劇的知に基づく教育（考える教育）をくぐり、地域で生活するさまざまな人々と学び手がつながり合いながら舞台を創作していく、伝え合える演劇をコミュニティづくりに生かしたいと考えている。2008年3月7日〜9日にわたって「聖母こどもフェスティバル2008〜ライブin深草コミュニティ〜」が開催されている。そのなかで筆者らの企画により、学生の力を高める世代間交流プログラムとして参加型音楽劇を実践した。

10章

生活者の視点を育む
ゲーミング・シミュレーション教育法の可能性

(石川瞭子)

　そろそろ紙幅の関係で「まとめ」をしなくてはならない。本著の題名である『福祉総合教育におけるロールプレイ―生活者の視点を培うゲーミング・シミュレーションの可能性』の論点をここでまとめよう。進行は①教育者主体と教育環境、②養成教育のシステム構築、③ロールプレイが育む生活者の視点、④ゲーミング・シミュレーション教育法の可能性、そして最後にまとめをする。

1．教育者主体と教育環境―まずは養成者の主体確立―

　いかめしい表題がついているが、再度、当事者の主体形成と学生の主体形成の相互性を示した図0-1を思い出してほしい。ここに及んで学生が主体的に学ぶ環境が何よりも求められることについて異論を唱える教育者はいないだろう。当事者主体を実現するためにはまずソーシャルワーカーが主体性を持ち実践をしていることが前提で、教育者は学生の主体性を涵養することが第一義の命題になる[1]。

　その点に関しては1996年のユネスコの21世紀教育国際委員会の報告書[2]はいうに及ばず、厚労省[3]もロープレ等の参加体験型の教育方法を推奨しているし、社養協等[4]でもロープレ等の体験学習の重要性を唱っている。また国際的なIT化から学生の学習へのニーズが変化し、それに伴って大学改革いわゆるFDの動きが巻き起こり、ロープレ等の体験学習の導入は必須

の状況下にある。

　にもかかわらず多くの教育者はチョーク&トークの方式から抜け出せない。また学生に教えたがる。本当に教えなくてはならないことは、問題に取り組む方法や姿勢や態度である。そのこともわかっているが、わかっていることと、為すことは違うレベルの問題なのである[5]。

　知識は道具であり教えることは手段であり目的ではない。知識は理解の一部であり、知識は理解され応用されてこそ意味をなす。それもわかっているが多くの教育者は教えることを変えられない。あえて苦言を呈すれば、教育者が持つ心のバリアフリー化が最も喫緊な課題だろう。

　ここで確認しよう。ユネスコ報告書の4本の柱は①知ることを学ぶ、②為すことを学ぶ、③共に生きることを学ぶ、④人間として生きることを学ぶである。③の「共に生きることを学ぶ」と④の「人間として生きることを学ぶ」は十分とはいえなくとも座学で教えられる。だが①の「知ることを学ぶ」と②の「為すことを学ぶ」は座学では教えられない。

　特に社会福祉学が対象とする当事者の日常生活上の問題解決は多くの場合、問題の全体像が把握しづらく原因も多々あり特定できず、解答も答えも一つではないし解決がない場合もある。であるから、たとえば事例の解釈や解答を教員が教えてしまえばしまうほど、学生の思考や気づきに教員のバイアスがかかってしまい、多様な現実が見えなくなり多様な思考ができなくなってしまう可能性がある[6]。

　その顕著な例が当事者への偏見や差別や誤解が解けないという点に象徴される。教科書や文献を用いても、どのような映像や資料を用いても、間接的な対話だけでなく直接対話を用いても、当事者への差別や誤解や偏見を完全に払拭することは困難である。そうした経験は多数の教員がすでに経験しているのではないだろうか[7]。

　ブルームの「知識の発展段階とトレーニングの関係」の図10-1がある。ブルームによると知識は講義で身につく部分があるが、理解はディスカッション等の他者との言語過程があって個人のなかに定着する。しかしその知識を現実社会のなかで適応する、また知識を分析し最終的に自分の考えとし

10章　生活者の視点を育むゲーミング・シミュレーション教育法の可能性

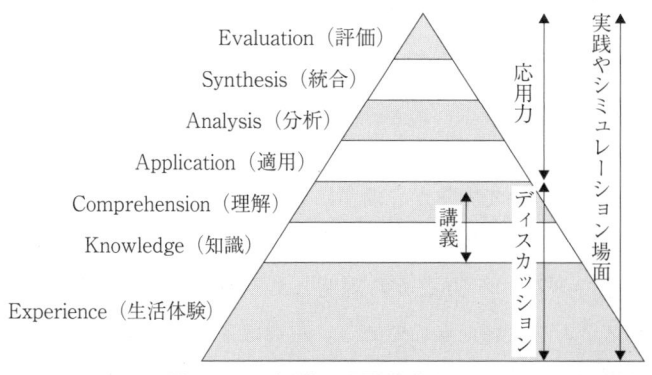

```
                 Evaluation（評価）
               Synthesis（統合）              応              実
             Analysis（分析）                 用              践
                                              力              や
           Application（適用）                                シ
                                                             ミ
         Comprehension（理解）        講      ディ            ュ
                                      義      スカ            レ
       Knowledge（知識）                      ッシ            ー
                                              ョン            ショ
                                                             ン
     Experience（生活体験）                                   場
                                                             面
```

図10-1　知識の発展段階とトレーニングの関係

注）Accentureの研修で提出されたブルームのトレーニング形式に本著では生活体験を追加して用いた。

出典）Bloom's Taxnomy Cognitive Levels, USA copyright 2005 Accenture All Rights Reserved Accenture High performance. Delivered. Accenture資料より抜粋、加筆・修正。17頁

て統合するためには知識の応用力が必要になる。図の適用と分析と統合の部分は知識の応用力を意味しており、知識の応用は実践やシミュレーション場面などで知識を実際に使って理解し身につくのである。

　だとするのなら実践に有用な生きた知識を身につけるためには教科書だけの勉学では不十分である。ちなみに先出の「知ることを学ぶ」は即ち「為すことを学ぶ」と同義である。知識は実際に現実世界のなかで使うという行為なしに社会的には存在しない。また「行為」することで「知る」ということはどういうことなのかを学ぶのである。そうした意味で、ロープレ等の体験学習は行為することで社会福祉の理念や社会福祉の対象者や職業人としての倫理を学ぶ機会を提供する。それにより「共に生きることを学ぶ」「人間として生きることを学ぶ」等の生きた知識となりうるのである[8]。

　演劇的手法を用いたロープレ等の経験学習は、養成教育において必須のアイテムなのである。そうであるのなら教育者は「チョーク＆トーク」方式から抜け出し、どのように「行為」したら生きた知識を伝えられるかに真摯に向かい合い、環境としての教育者の態度である「主体性」をまず確立したい。教育者の主体性確立は学生にとってロールモデルとなるからである。

２．養成教育のシステム構築―コアカリキュラムとして技術論と援助演習を位置づける―

　再度いかめしい表題がついているが、簡潔にいえばロープレ等の演劇的手法を取り入れた教育方法を社会福祉の養成課程のコアカリキュラムとして位置づけ構成する提案である。図10-2から説明しよう。図は技術論と援助演習の授業の評価システムを表したものである。左端は主教員が授業のアウトラインを作成し、授業の目的と意図と進行や方法や条件を文書化し、レジュメやビデオ等の現物を例示し、越えなくてはならない具体的ハードルを学生に意識化させるための準備段階を示している。

　それを受けて学生は教科書や文献やネット等から情報を集め、集めた情報から学習すべき内容の理解を小グループ内で進める。小グループ内のディスカッションを経て、全体としての発表をどうするかで３グループで構成される全発表班で協議する。協議した内容をもちかえり、各グループ内で役割を確認し分担する。レジュメを作成し、ビデオを取材し編集し、パワーポイントを作成し、シナリオとキャストを決めロープレを練習する。そして再度、

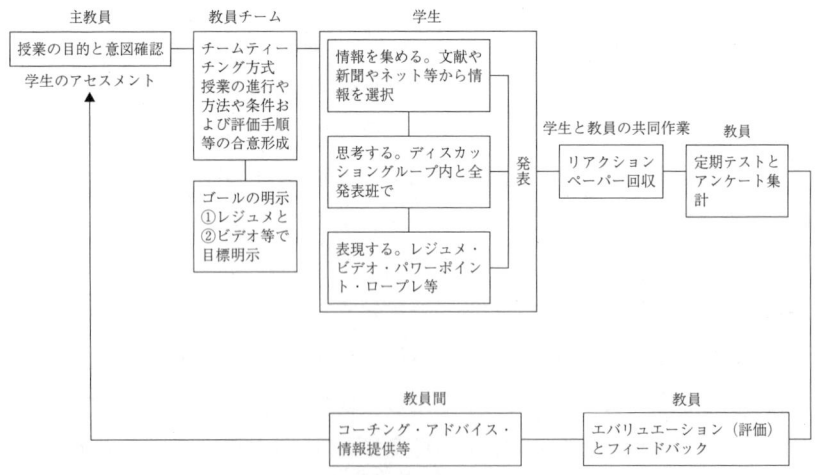

図10-2　学生を組み込んだ養成教育とエバリュエーションシステム

全発表班として会合を開きどのように表現したら理解したことを教員や参加学生に十分に伝えることができるかを検討する。現場のワーカーや当事者からアドバイスをもらい多様な価値観の導入を試みる。

教員はチームを組み学生のコーチング・アドバイザーないしファシリテーターとして情報提供や学生の学習方向の適正化を図る。そして発表の前にリハーサルを行い、班構成メンバーが学習した内容を伝えたい相手に十分に伝えることができるかで確認させ、修正があればそれを求める。発表の時がくれば、参加学生の全員のリアクションペーパーを回収し、また取材先のワーカーや当事者からのフィードバックをもらう。定期テストで授業の達成度を確かめ、アンケートで学生の満足度を検証し、収録ビデオでチームを組んだ教員との相互評価を行い、総合的な結果を次年度の授業へ反映させる。

図10-2は技術論と援助演習の授業の進行を可視化したものであるが、その過程はソーシャルワーク過程そのものでもある。学生という集団を扱う養成課程は、家族という集団を扱いながら個々の当事者のニーズを視野に入れながらも、全体としての個人と家族と生活機能の向上を図ろうとするソーシャルワークの営みそのものである。その支援過程はアセスメントとエバリュエーションを繰り返しながら対象の最善の利益を求めて適宜修正される[9]。

ちなみに獲得した知識は他者に向かって発信されることで理解が進む。体験は説明を必要とした時に経験となる。理解と体験は新たな経験を育み、人はその理由を知りたくなる。分析で理由がわかるとその考えに自己を統合する。それが実践理論や臨床の知となるのである。しかしそれで終わりではない。環境や状況は常に変化し続けているので、アセスメントやエバリュエーションが必要になる。チームティーチングに学生を組み込んで評価を繰り返しながら協働でつくりあげる授業は、当事者を組み込んで他職種チームや多機関ネットワーキングを必須とする現代のソーシャルワーク実践の作業モデルとなる。

技術論と援助演習の授業は専門教育の基幹をなす科目である。その科目は学生のニーズに呼応して変化し続け、最善の利益のために適宜修正されるべきである。評価システムを組み込んだ技術論と援助演習と実習の授業を養成

教育のコアカリキュラムと位置づけることが、とりもなおさず一貫した養成教育を活性化させ、全体としての養成教育の質を担保することになるのではないかと考える。

3．ロールプレイが育む生活者の視点

　ここまで教育環境として教育者の主体の確立が第一義的に希求される点と、評価システムを組み込んだ技術論と援助演習と実習の授業を養成課程のコアカリキュラムとして位置づける視点が必要であると述べてきたが、次にロールプレイ等の演劇的手法を用いた参加型の学習方法がなぜ生活者である当事者の理解を促進するかを述べたい。

　筆者らがロープレ等の演劇的手法を盛り込んだ福祉総合教育を実践して10年になるが、福祉総合教育という呼称に満足できないでいたのは事実である。おりしも義務教育においてゆとり教育が見直され、それに伴い総合学習が不評のままに終わったこともあり、使い古された総合学習という呼称が誤解を与えてしまう可能性も危惧された。

　そこで筆者は筆者らの学習方法の適切な呼称を求めて懸命に研究を進めた。そして最後に辿りついたのは井門らが紹介した「ゲーミング・シミュレーション教育法」(井門 2007)であった。ゲーミング・シミュレーション教育法は欧米を中心にすでに1980年以前から広汎に用いられている社会科の教育方法で、井門によれば「ロールプレイやスキットやディベートなどの模擬的・間接体験を活用して対象の理解や問題の解決を図る方法で社会的実践力の涵養を目的とした教育方法」である。この教育方法の呼称と存在を知り同朋を得た思いを抱き、さっそく情報や文献等を集めた。

　ちなみにわが国において参加・獲得型の授業形態は渡部淳の『教育における演劇的知』(2001年)を皮切りに、久田敏彦監訳によるグードヨンスの著書の翻訳本『行為する授業』(2005年)、同じく渡部淳の『教師—学びの演出家—』(2007年)などが発表されていった。これらの教育方法はチョーク＆トーク方式の限界を指摘し、教室から地域社会へと学習の場を広げ、多

様な現代社会の現実を知ったうえで学習者が知識を応用し、社会問題を解決するための実践力を涵養するという目的があった。

同時期に井門の研究も進められていたが、あいにく筆者がそれを知ったのは2007年であった。井門の研究を詳しく見ると社会学（学校文化論や社会役割理論）、認知科学（状況的学習論）、心理学・社会心理学（心理劇・社会劇）、言語学（日常的推論分析法）等の多くの分野に及ぶも作業仮説はシステムズ・アプローチであった。

筆者と井門の共通項はそこにあった。筆者は20年以上もシステムズ・アプローチをもとにした家族療法家として臨床実践をつんできた。いま筆者は教育者としてロープレ等の演劇的手法を用いた役割体験学習論を社会福祉の養成課程で展開することを提唱している。井門は社会科の教育実践からゲーミング・シミュレーション教育法に辿りついたので筆者とは逆の入り方をしたが、両者の意図するところは全く同様である。

なお井門は1999年に新井潔に出会って自らの実践を「ゲーミング・シミュレーション教育法」という表現で統合しうることを発見した。井門によれば「重要なことは役割体験学習において直接体験のみが意義あることではないという点である。現場のみが学習者の学習目的に叶う場ではない」として、「モレノが生活上の役割関係で葛藤し悩み煩う人々のためにロールプレイを開発した」ことを例にあげている。さらに「実生活を改善するために疑似的な体験を行ったりすることも欠かせない学習なのである」と述べ「直接体験と疑似体験あるいは間接体験、さらには観察、調査、見学などを関連付けて把握することが重要であり、教育の目的、教育上の制約条件、教育学習効果などの観点からおのおのの特性を効果的に活用することこそ必要なのである」と述べ、図10-3の「役割体験の4類型」を示している[10]。

	「場」現実	「場」仮想
主体現実	第1類型「主体」現実「場」現実型	第2類型「主体」現実「場」仮想型
主体仮想	第3類型「主体」仮想「場」現実型	第4類型「主体」仮想「場」仮想型

図10-3 役割体験の4類型
出典）井門（2002）

1類は主体が現実で場も現実である。

2類は主体が現実で場が仮想である。3類は主体が仮想で場は現実である。4類は主体が仮想で場も仮想である。井門の4類型を筆者の質問から展開する社会福祉の教育場面に当てはめてみると以下のようになる。
【第1類型】今、ここであなたはどうする？ ここであなたはどう感じている？
【第2類型】こうした場面であなたはどうする？ こうした状況だとあなたはどう感じると思う？
【第3類型】当事者だったらここでどうしていると思う？ 当事者は今、ここでどう感じるだろう？
【第4類型】当事者はその場合どうするだろう？ 当事者はその状況でどう感じると思う？

　援助演習等のロープレ等の演劇的手法は4類の「当事者はその場合どうするだろう？」と「当事者はその状況でどう感じると思う？」を学生が演じることを通して実感することで、客体としての当事者の日常を生活状況の場から空想することで社会生活上の困難を共感し理解することができる、と考えられる。

　一方、ロープレ等を含む発表を見ている参加学生はリアクションペーパーを書くことで2類の「こうした状況だとあなたはどう感じると思う？」と、3類の「当事者は今、ここでどう感じるだろう？」をイメージし、理解を深めることになる。仮想の場の出来事に客体を当てはめて、その生活状況を空想させ、こうした場面があったとしたら学生はどのように感じるか、という質問を展開する。リアクションペーパーに多用される「私だったら……に違いない」とか「きっと……だと思う」という表現の多くは、当事者の生活と学生の生活の関連性が一部でもイメージできたからこそ発せられたことばであろう。

　なお本稿で触れていないが、実際の授業では発表後に約10分から15分をとって「今ここでの感情」を発表班の全員に吟味を促し、参加者に開示している。発表を終えた直後、当事者の生活上の困難に対してどのように感じているか、どうしたら良いと思うか、つまり1類の質問を実施し参加者とともに考える。参加者は発表班が感じた内容に深い関心を持ち熱心に聞き入る。

それが何よりの学習であることに参加者は気づいているのであろう。発表者と参加者が体験を共有することは、当事者への共感や受容に連動していることを学生らは知っているに違いない。

そうした意味で定期テストは、場が現実の教室で主体も学生でありながら、記述する内容は１類から４類にまたがり多様な生活問題を多様な立場から俯瞰して社会施策や資源との関係から論じる、つまり４類型を超えた視点である第５類の質問に該当する。

このように筆者の授業は質問を戦略的に用いて授業を構成し、当事者の生活を模擬的・仮想的にでも思い浮かべ、生活者としての学生の現実に引き寄せ理解を促す工夫をしている。それは体験学習ゲームへの誘いであり、ならびに学生が主体的に参加し学習課題に取り組む動機を高める教育方法であり生活者の視点を育む教育方法といえよう。

いみじくもＢ専門学校の20代の社会福祉職の女性が述べているように、「演習は当事者との共感の体得である。つまり当事者の立場になって当事者にとっての最善の解決策は何かを考えること、そうすることにより援助者として援助すべきものが見えてくる。両者の立場になることで深く考え、気づき得られるものが多い。最後に、ロープレは単なる寸劇ではなく、自分を高める自分への援助なのだと気づいた。指導教師の『今ここでの気づきは？』の言葉を聞き、その言葉に共感し、接近することの大切さの意味を学んだ。私はどれだけ苦しみの言葉を知り、共感し、接近できているだろうか、と考えた」なのである。

質問を展開しながらロープレ等の体験学習ゲームに誘う教育方法は、Ｋ大学の養成課程だけでなく年齢や経験や職業を越えて、福祉人材育成に貢献できる可能性を秘めていることが示唆されるのである[11]。

4．ゲーミング・シミュレーション教育法の可能性

筆者は「ゲーミング・シミュレーション教育法」という呼称を得て、今までの実践を説明・統合することができた。なお井門は、松崎の理論を用いて

この教育方法の効果として「①学習者の主体的活動を促す、②学習内容の実感的理解を可能にする、③意思決定力の育成をはかる、④学習に対する興味関心を高める」の4点をあげている[12]。そして秋田大学での全学的な取り組みから評価測定を行い、学生のコミュニケーション能力や交渉能力など社会的スキルの変容を把握し、学部目標の現代的課題を総合的に探究し、新たな生活文化の創造を担う人材の育成がなされていることが確認できた、と述べている[13]。

　ここで筆者らの質問を展開することで学生の関心を引き寄せ、ロープレ等の演劇的手法を盛り込んだ発表形式の教育方法を、社会福祉の専門職養成という観点から検討してみよう。筆者らの取り組みは眞口や藤原のアンケートの分析結果から「学生の主体開発」や「生活者としての当事者の理解」「学生の人間的成長」等の効果はある程度測定できていると思う。次の課題は、この教育方法が社会福祉の専門職を養成する上で必要とされる能力、表現力・調整力・PC力の向上に寄与できているかの検討である。

　まず表現力だが、学生は200人を超える学生と数名の教員と時には現場のワーカーや当事者の前で伝えたい内容を発表することが課せられている。発表に先立ち3グループで効果的な発表について協議する。順番や時間配分や口頭で伝える内容の簡潔さや口調など細部にわたり調整を行う。プレゼンテーションする力やデモンストレーションやパフォーマンスする力はロープレによる発表だけではなく、パワーポイントの発表と取材したビデオを編集して報告する過程でも十分に発揮される。

　次の調整力はマネージメントする力である。これは小グループ内（7人前後）と発表班（20人前後）の話し合いや、教員との打ち合わせ、取材する先への連絡調整、機材をかりる教育支援センターの職員との打ち合わせ、教室を使用するための事務局への連絡等に伴うすべての工程で発揮される。特にグループ内の役割分担や発表班内の役割分担と調整では、さまざまな葛藤や理不尽さを経験することもある。そうした経験は宝である。

　3番目のPC力はつまりIT力のことである。インターネットによる情報収集だけでなく情報を加工し活用するための技術、統計ソフトや文書ソフト

を十分に使いこなし、またデモンストレーションビデオやパワーポイント等で発表する力の総表である。特にウェブ技術はホームページ作成や更新等の際に最も現場で求められている力であり、その技術は学生である期間に可能な限り身につけておきたい技術である。

このように時代に呼応した福祉総合人を育成するために涵養すべき能力の代表は表現力・調整力・PC力である。ロープレ等の演劇的手法を盛り込んだ発表形式の教育方法は、表現力・調整力・PC力の向上を刺激し、主体的に学び自己成長する機会を提供する。開発されたそれらの能力は、当事者と家族と生活地域の人権を擁護するソーシャルワーク過程において最も必要となる力である。主体的な選択を支援するためには情報等の提供の方法がカギとなるからである。

今般の基礎構造改革と障害者自立支援法の実施を考えれば、人権擁護に特化した福祉サービスの展開が急がれているのは事実である。であれば幾多の困難があろうとも教育者は当事者と学生のニーズの変化に呼応して教育変革に対峙する必要があろう。その際、筆者らの提唱するロープレ等の演劇的手法を組み込んだ「ゲーミング・シミュレーション教育法」は教育変革の一つのカギ概念となろう。

5. さいごに

「学ぶことの基本は人生の意味を探ることである」と述べたのはデューイである。本著の眞口は「ロープレでは他者との関係で成長する自分を実感することができた、人間は社会的な存在であり、常に他者との関係のなかで成長するのだという原則をロープレの作成過程で味わった」(眞口 2006：12頁)と述べている。ロープレは疑似体験であるがゆえに客観的に自らの経験等を深く吟味することができるという側面があるのだろう。

またデューイは「1グラムの経験は1トンの理論より重い」と述べている。デューイは「共同の活動への参加は素質を発展させるための最も重要な手段である」として「為すことによって学ぶ」という教育哲学を提唱してい

る[14]。

　その点を藤原は「ロープレを体験した学生は団結による危機的状況からの克服（教師からの課題の達成）によって、どんな困難と思える状況も打破することが不可能でないという確信（自信）を得ることができた。今後の課題に立ち向かう姿勢を獲得することができたのではないか」（藤原2006：43頁）と述べている。デューイのいう「行為は新しい関心と問いを呼び覚ます」である。行為することによりさまざまな理解を与えそれに向かってさらなる行為を刺激するのである。その行為がグループ等の作業であればさらに学習効果は高いといえよう。

　「人生はつまるところ試練の一つの在り方に過ぎない」というルソーの言葉はあまりにも有名である[15]。またグードヨンスは「思考は行為から発し行為を修正するものとして働き返す」とも述べている[16]。その点に関して河村は「教育の目標は学生の『成長』である。では社会福祉専門職を目指す学生の成長とはなにか。それは長い将来にわたる実践にあって『行為』と『省察』をくりかえしていく援助者としての『主体』を構築し専門職として『思考力』を獲得することではないか」（河村2006：56頁）と述べている。まさにグードヨンスの行為と思考の相互性であり、主体的に生きるという問いそのものである。

　受講者の平均年齢が45.24歳の通信制A大学の履修生は「初めての体験だったが現実問題の多様さに気づいた」と述べている。また平均年齢36.7歳のB専門学校の受講生は「ロールプレイを通じ普通の授業とは全く違った経験ができた。実際にソーシャルワークを展開する私たちにとって、教科書だけでは理解しがたい内容の理解ができた」と述べている。社会福祉法人かしの木の総合施設長は「ロールプレイは強烈で、眠りから目覚めさせるエネルギーを吹き込んでくれる。研修会を通して『自分自身を見つめる』、そして『自分自身では気づいていなかった自分を発見する』という体験をすることにより、職員の自我が鍛えられ自己鍛錬をする」（8章144頁）と述べ、職員研修における演劇的手法の魅力を述べている。

　年齢や性差や経験や職業を越えて、質問を展開しながらロープレ等の体験

学習へいざなう学習方法は社会に対峙しながら生活困難を解決していく社会福祉の援助者としての基本的な批判的理性と当事者への共感を育む機会を提供し、自己成長を促したといえよう。

体験学習、プロジェクト授業ないし獲得型授業は今、「ゲーミング・シミュレーション教育法」という新しい枠組みに向かって収斂されようとしている。井門によれば「ゲーミング・シミュレーション教育法はロールプレイやスキットやディベートなどの模擬的・間接的体験を活用して対象の理解や問題の解決を図る方法で、社会的実践力の涵養をおもな目的とし、特に他者との合意形成を図りながら自己実現を果たし建設的に社会を改革していく力を育む」（井門 2007：89頁）のである。

本著において「教育のなかで、卒業するまでに相談支援方法や実践能力を十分に身につけることができず、養成教育全体が社会のニーズに十分に応えきれていない」と指摘した長崎はロールプレイ等の体験学習は「円環的な学び」を促すと指摘した。佐藤量子は機会あるごとに体験学習を導入している米国の養成課程を紹介し、わが国の時代のニーズに即した養成教育のあり方への変換を提案している。また渡邊は日常の現実を身体で表現することで現実そのものを作りかえる演劇的知の可能性を示し、ロールプレイ等の体験学習を提案し、今後の社会福祉士の養成上に必須な視点を明示している。

株価暴落・地球温暖化・環境汚染・ネット犯罪等々。人々の生活の困難さは複合的・重層的で広範囲に及んでいる。生活を支援するソーシャルワーカーに求められる能力は限度を知らない。それにもかかわらず掲げられるスローガンは、「共生社会の実現」。掲げられるスローガンに押しつぶされそうになりながら現実に対峙し、ソーシャルワーカー自身を最大限活用し社会資源を創出し、共生社会の実現を目指していかねばならない。本著がそうしたソーシャルワーカーの輩出に些少なりとも貢献できたら幸いに思う。

≪注≫
[1] 学生の主体性の涵養が教育の第一義の命題という点に関して、保正は「学生自身が主体になり自らの学習上の課題を意識化し、それに取り組んでいける

ようにさまざまなレベルのパワーを獲得し、行使するために、教員がパートナーとしてともに学ぶプロセスである」と教育場面を説明している（保正友子〔2002〕「学生のエンパワーメントを促す社会福祉援助技術演習の検討」『ソーシャルワーク研究』28（3）、49-53頁）。同様の指摘は増えている。他に堀越（2002）・窪田他（2002）等の指摘がある。

2) ユネスコ国際教育勧告（国際理解・国際協力及び国際平和のための教育並びに人権及び基本的自由についての教育に関する勧告1974）では世界が抱える諸問題、人権・平和・環境・人口・食糧問題などについて大人の側が一方的に考えるのではなく、その存在を地球の未来を託すべき子どもたち自身で発見できるようにすること、その解決策について話し合い解決に向けて行動できるような準備を進めるべきこととして、教育に携わる人々がそれを援助することを求めている（渡部 2001：18-19頁）。そこでの演劇的な体験型・参加型の授業の意義は大きい。

3) 厚労省は社会福祉援助技術演習の実技指導としてロールプレイによる学習を、技術論では学生のコミュニケーション能力の開発を目標の第一に掲げている。その主張はこの8年変わらない（厚生労働省「社会福祉士養成施設等における授業科目の目標について」2000-2007年）。

4) 社養協は厚労省の指導を受け、どのように援助演習の授業を展開するか協議した。また日本ソーシャルワーカー協会も職能団体として福祉人材の養成の仕方を現在も検討している。2000年、当時の日本社会事業学校連盟会長の大橋は「岐路に立つ社会福祉専門職養成と教育の課題」で「福祉人材に関するグランドデザインを考えなくてはならない」として現場と教育の乖離を指摘し「社会福祉教育の在り方」の検討の必要性を説いた（大橋謙策〔2000〕「岐路に立つ社会福祉専門職養成と教育の課題」『社会福祉教育年報』（1999年度版）日本社会事業学校連盟、1-17頁）。それから8年が経過している。

5) その点に関して山辺は「ソーシャルワークの無力化」「ソーシャルワークの現実との乖離」という現象を報告し、ジェネラリスト・ソーシャルワークは新しい理論的体系と技術体系をもたらす概念と期待されるとしてジョンソンらの研究内容を報告している（山辺朗子〔2006〕「ジェネラリスト・ソーシャルワークの現代的視覚—L.C.ジョンソンらの理論体系の展開を中心として—」『日本社会福祉学会第53回全国大会　抄録』263頁）。

6) 事例の扱い上の問題では、村井は教科事例による学習の限界を指摘し、実践現場のワーカーから提供された実践事例を用いて学習する方法とともに、ボランティアにおける体験事例の有効性に触れて、それらをグループで討議する過程やロールプレイの技法を活用することを提案している（村井美紀〔2002〕「社会福祉援助技術演習における事例研究方法の検討」『ソーシャルワーク研究』28（3）、190-195頁）。

7) 当事者の差別等に関して、中西は上野との対談で「当事者主権とは、社会的

弱者の自己定義権と自己決定権を第三者に決してゆだねない、という宣言である」として「差別を受ける者が当事者なら、他方で差別をつくる者も裏返しの意味で差別の当事者だからである」と述べている（中西・上野2003：17頁）。ここに権利擁護の教育方法の難しさがある。

[8)] 共に生きることを学び、の観点を守本らは「ラーニング・コラボレーションへの試み」と題して「教員が一方的に知識や技術を教示するだけでない。また学生は与えられた課題に取り組むだけでない」と述べ「学習の協働」として学生の主体性を育むための実践プログラムを提案している（守本友美他〔2005〕「グループワーク実践の効果的手法──ラーニング・コラボレーションへの試み──」『日本社会福祉学会第53回全国大会　抄録』404頁）。こうした取り組みの報告は増えてきている。

[9)] 評価システムを組み込んだカリキュラム編成に関して、井門は「学びあいと自己修正的システムの構築」と表して「ゲーミング・シミュレーションは授業構成員である教員、学生の相互交流が前提となる。そのため一般的に見られる教員による一方的な授業や質問・応答といった形式的な授業スタイルに変革をもたらす」として「ゲーミング・シミュレーション授業では自己修正的な授業構築が可能となり、教員自身も自省的姿勢を形成することができる」と述べる（井門2007：90頁）。全く筆者らが企図する内容と同義である。

[10)] 4類型に関して井門は「役割体験の4類型は新井潔が『彼の類型化はロールプレイングの型のゲーミング・シミュレーションを設計・実施する上で示唆に富むものである』とのべたので、この4類型を基礎的枠組みとして新井らのゲーミング・シミュレーション研究を第4類型に位置づけ図のようになった」と説明し「新井のゲーミング・シミュレーションの分類は筆者の役割体験学習における第4類型の様々な学習方法を分類する上で重要である」と述べている（井門2002：160頁）。

[11)] 人材育成に貢献するロープレ体験に関して、益満は「援助演習の2年間の過程でソーシャルワーカーとして求められるリーダーシップを育成する方法として、演習の授業の受講生を閉ざされた一つのグループとして捉え、リーダーである教師がメンバーの精神的成熟に対応するリーダーシップを発揮することが有効である」として技法の一つとしてロールプレイの活用をあげている（益満幸一〔2003〕「社会福祉援助技術演習におけるリーダーシップの在り方に関する臨床的研究」『九州大学研究紀要』(5)、257-265頁）。

[12)] 井門は役割体験学習の教育効果を4点あげている。他に井門は①役割が学習者と社会とを媒介する、②役割が知識・態度・技能・行為の統一を図る、③役割による視点が関係性の多面的理解を促進する等の効果があると述べている（井門2002：323頁）。

[13)] 秋田大学においての本教育方法の効果測定に関して、井門は「事後討議や授業終了後のアンケート調査や感想の記述分析（日常的推論分析法）やVTRの

分析など多様な角度から効果が確認できた」と報告している（井門 2007：92 頁）。

14) グードヨンスはデューイのことば「為すことによって学ぶ」を紹介し「『行為しながら行為することを学ぶ』が、完璧な情報伝達の優勢に学校が対応しなければならない決定的な事項である」と述べ「行為する学習は人と環境との弁証法的関係においてとらえられることで基礎づけられる」とし、それにより多元的な価値の獲得が得られるとしている（グードヨンス 2005：79-80 頁）。行為することなしに多面的な理解は難しいというのは例をあげるまでもない。

15) 渡部は「学ぶことの基本は人生の意味をさぐることにある」と述べ「人生はつまるところ試練の一つの在り方に過ぎない」というルソーの言葉を引用し、「『人間的成長』そのものとかかわらざるを得ない教師は、職業上の専門用語を超えるより普遍的な言葉を持つことが重要ではないか」と述べている（渡部 2001：239-240 頁）。人間的な成長は共生社会の実現のために必須の条件である。

16) グードヨンスは「思考は行為から発し……」に関して、「思考は為すことに由来し、行為を調整するものとしてこれに働き返す」と述べ（グードヨンス 2005：80-81 頁）、「共同の活動への参加は素質を発展させるための最も重要な手段である」（90 頁）とデューイの教育哲学を紹介している。そして「学習グループが責任を担う、状況との対決」（108 頁）が教育訓練として重要である、と述べ「演劇的知」の可能性を示している。

　　　　　　　　おわりに

　本著は社会福祉士等の養成課程において、ロープレ等の演劇的手法を取り入れた参加体験型の授業を提案することを目的とした。その主旨は多様性を深める時代に即応したソーシャルワーカーを輩出するためであり、それにより「ともに生きる」福祉社会を実現するためである。
　ちなみに参加体験型の授業は、教科書を用いた講義形式の学習方法と対極にあると思われているが、そうではない。教科書は知識の宝の塊であり、臨床の叡智が詰まっている。ただ教科書を板書するだけでは、生活の連続性や生活問題の多義性などの「あいまいな問題」を扱う社会福祉の教授法としては不十分である。
　つまり「ことば」以上の力を持つ授業が求められる。なぜなら生活問題は答えがない場合も少なくなく、「ことば」による説明では状況が正確に伝わりにくいからである。また、ほとんどの当事者は生まれた時から当事者ではない。「当事者はつくられる」という側面がある。だとするのなら「つくられる」過程を可視化できたら、未然防止ができる可能性も見つかる。そうすれば、ほとんどの当事者は生活のしづらさを持たない、つまり当事者とならないですむ。そのことを学生は学ぶ必要がある。
　ことわっておくが「事件」や「事例」は切りとられた現実の一部にしかすぎない。「事件」として語られなかった背後に、また「事例」として記述されない背景に「本当」が潜んでいることも多々ある。しかしながら「本当」はことばの限りを尽くしてもなかなか伝わりにくい。まして机上の座学のみでは接近できないのは明白だ。
　「本当」は体と心に訴える何か（媒体）によって、初めて接近できる。その何かは特別なものではない。当事者の生活の情報を集め、生活をイメージし、演じ、体と心で感じて味わって、検討して考察して記述する過程で「本当」に接近できる可能性がうまれる。つまり答えは生活のなかにあり、媒体は「体」ないし「行為」である。

教科書は大切である。ただ教科書は目的ではなく手段であることを忘れてはならない。目的は「ともに生きる」福祉社会の実現である。また教育は日常の生活そのものであることも忘れてはならない。教室は日常から隔絶された特別な空間ではない。教室も社会生活の一部であり、当事者の生活の連続線上にある。学生も教員も当事者も生活者として同一線上に居並ぶ。

　教科書は目的ではなく手段である。だとするのなら多様な手段は目的達成の力となりうる。その意味でロープレ等の演劇的手法を取り入れたゲーミング・シミュレーション教育法は目的達成の手段の一つとして認識されてよい。多様性を特長とする現代社会のなかでデューイのいう学びの全身化が社会福祉の養成教育に今こそ求められているからである。

　本著を閉じるにあたって、何よりも八千代出版企画部の森口恵美子氏、編集部の岩谷美紀氏の両者に感謝する。両者がいなかったら本著は出版できなかったかも知れない。気の遠くなるような文章・文献等のチェック作業をしてくれた。2人の根気と情熱に心よりお礼を述べたい。また共著者も多忙ななかに執筆を進めてくれてありがとう。多くの人々に支えられて本著が刊行できたことを本当に嬉しく思う。

編著者　石川瞭子

引用・参考文献

【3章】

イリノイ州立大学スクール・オブ・ソーシャルワークホームページ（http://www.socialwork.ilstu.edu/）

台利夫（2003）『ロールプレイング』日本文化科学社

河合隼雄（2005）『カウンセリングの実際問題』誠信書房

栄陽子・谷村涼子（2002）『福祉・カウンセリング留学 in USA』三修社

島谷まき子・台利夫（1998）「カウンセリング研修への心理劇的ロールプレイングの集中的挿入の効果」『心理臨床学研究』16（5）、503-508頁

テキサス大学オースティン校ホームページ（http://www.utexas.edu/ssw/eclassroom/syllabi/shorkey/fl2005sw312.pdf）（http://www.atexas.edu./ssw/eclassroom/xxbsw2.html）

中山慎吾（2004a）「社会福祉専攻学生の個人的目標の達成に役立つもの―アメリカの社会福祉修士課程の学生に関する研究―」『鹿児島国際大学社会福祉学部論集』23（1）、19-37頁

中山慎吾（2004b）「社会福祉専攻学生の個人的目標の諸相―アメリカの社会福祉修士課程の学生に関する研究―」『鹿児島国際大学社会福祉学部論集』22（4）、41-56頁

中山慎吾（2004c）「社会福祉専攻学生の実習内容の諸相―アメリカの社会福祉修士課程の学生に関する研究―」『鹿児島国際大学社会福祉学部論集』23（2）、29-48頁

ブレシア大学ホームページ（http://www.brescia.edu）

メレディス大学ホームページ（http://www.meredith.edu/socwork/）

American Association of State Social Work Boards（AASSWB）（http://www.aasswb.org./）

Council on Social Work Education（CSWE）（http://www.cswe.org./）

National Association of Social Workers（NASW）（http://www.naswdc.org/）

【4章】

台利夫（1986）『ロールプレイング』（講座サイコセラピー9）（第3版）日本文化科学社

國分康孝・片野智治（2002）『構成的グループ・エンカウンターの原理と進め方―リーダーのためのガイド―』誠信書房

社会福祉教育方法・教材開発研究会編（2003）『新社会福祉援助技術演習』中央法

規出版
スミス，P.B. 編著、岡村二郎編訳（1984）『小集団活動と人格変容』北大路書房
福祉士養成講座編集委員会編（2002）『社会福祉援助技術論Ⅰ』（社会福祉士養成講座8）中央法規出版
吉田道雄（2001）『人間理解のグループ・ダイナミックス』ナカニシヤ出版

【5章】

五十嵐雅浩（2001）「社会福祉援助技術演習における事例教育法―その『意義』と『学習課題』、『展開過程』に関する考察―」『道都大学紀要社会福祉学部』（26）、61-73頁
大西雅裕・馬込武志（2003）「社会福祉援助技術における対人援助関係についての一考察―社会福祉援助技術演習における学生のレポート検討を通して―」『湊川短期大学紀要』（38）、67-72頁
黒木保博（2003）「社会福祉援助技術演習の意義と方法」黒木保博・白澤政和・牧里毎治『新社会福祉士養成テキストブック4 社会福祉援助技術演習』ミネルヴァ書房、19頁
厚生労働省「福祉専門職の教育課程等に関する検討会」報告書（http://www1.mhlw.go.jp/houdou/1103/h0310-1_16.html）
厚生労働省社会・援護局「全国構成関係部局長会議資料」（http://www1.mhlw.go.jp/topics/h12-kyoku_2/engo/tp0119-1d.html#d2.）
社会福祉教育方法・教材開発研究会編（2001）『新社会福祉援助技術演習』中央法規出版、i-11頁
ウィタカー，C. A.（2003）「序文」ジョナサン，F. 編著、磯田雄二郎監訳、横山太範・磯田雄二郎訳『エッセンシャル・モレノ―自発性、サイコドラマ、そして集団精神療法へ―』金剛出版
福祉士養成講座編集委員会編（2005）『新版社会福祉士養成講座15 社会福祉援助技術演習』（第2版）中央法規出版、i-4頁
舟島なをみ（2000）『質的研究への挑戦』医学書院、53-69頁
保正友子（2002）「学生のエンパワーメントを促す社会福祉援助技術演習の検討」『ソーシャルワーク研究』28（3）、49-53頁
保積功一（2005）「社会福祉現場実習教育を巡って―学生の「気づき」を中心にして―」『吉備国際大学社会福祉学部研究紀要』（10）、113-123頁
堀越由紀子（2002）「社会福祉援助技術演習の意義―実践家の立場から―」『ソーシャルワーク研究』28（3）、4-11頁
益満孝一（2003）「社会福祉援助技術演習におけるリーダーシップのあり方に関する臨床的研究―対人援助職のグループワークによる養成に関する臨床的研究―」

『九州看護福祉大学紀要』5（1）、257-265頁
松川敏道（2000）「理論を実践レベルに近づける社会福祉援助技術演習の教授方法について」『北海道医療大学看護福祉学部紀要』（7）、41-48頁
水畑美穂・菊井和子（2005）「臨床実習における学生と患者の人間関係形成におけるプロセス—ベナー及びワトソン理論による分析—」『川崎医療福祉学会誌』15（1）、149-159頁
村井美紀（2002）「『社会福祉援助技術演習』における事例研究方法の検討」『ソーシャルワーク研究』28（3）、12-17頁
山田容（2003）『ワークブック社会福祉援助技術演習1　対人援助の基礎』ミネルヴァ書房、3頁
横山正博・正司明美・藤田久美他（2004）「社会福祉援助技術演習における面接技法の評価」『山口県立大学社会福祉学部紀要』（10）、37-51頁

【9章】

市橋秀夫（1998）「ボアールの演劇ワークショップ」『PTパブリックシアター』（4）、13-15頁
上野一雄（1937）「大衆的宣傳機関としての演劇と社会事業」『社会事業』21（6）、52頁
尾崎新（2002）「現場の力」尾崎新編『「現場」のちから—社会福祉実践における現場とは何か—』誠信書房、379-387頁
尾崎新（2006）「利用者と向きあうということ—ある実習ノートを通して—」『立教大学コミュニティ福祉学部紀要』（8）、41-54頁
菊川徳之助（1998）『実践的演劇の世界』昭和堂
熊谷保宏（1999）「シアターゲーム研究ことはじめ」『日本大学芸術学部紀要』（29）、55-74頁
熊谷保宏（2004a）「演劇をやらない人びとの詩学」『日本大学芸術学部紀要』（39）、81-98頁
熊谷保宏（2004b）「ボアールの足跡から考える—アウトリーチとしての応用演劇とサイコドラマ—」日本心理劇学会第9回大会基調講演（日本大学商学部）
黒川昭登（1989）『現代介護福祉論—ケアーワークの専門性—』誠信書房
後安美紀（2006）「演劇と同時多発会話—劇的時間の作られ方—」佐々木正人編『アート／表現する身体—アフォーダンスの現場—』東京大学出版会
小林奈美（2006）『グループワークで学ぶ家族看護論—カルガリー式家族看護モデル実践へのファーストステップ—』医歯薬出版
佐々木正人（2006）「まえがき」佐々木正人編『アート／表現する身体—アフォーダンスの現場—』東京大学出版会

スポーリンセンター（2006）「The SPOLIN Center」(http://www.spolin.com〔2006. 8.8〕)
須崎朝子（1999）「アウグスト・ボアールの演劇方法論の変遷に関する一考察―変革のリハーサルから療法まで―」『演劇学論集　日本演劇学会紀要』(37)
竹内敏晴（1988）『ことばが劈かれるとき』筑摩書房（ちくま文庫）
竹内敏晴（1990）『「からだ」と「ことば」のレッスン』講談社（講談社現代新書）
竹内敏晴（1999a）『教師のためのからだとことば考』筑摩書房（ちくま学芸文庫）
竹内敏晴（1999b）『癒える力』晶文社
寺山修司（1983）「観客論」『寺山修司演劇論集』国文社
中川吉晴（2006）「訳者あとがき―トロントのドラマ教育にふれて―」ブース, D. 著、中川吉晴・浅野恵美子・橋本由佳他訳『ストーリードラマ―教室で使えるドラマ教育実践ガイド―』新評論（Booth, D.〔2005〕*Story Drama: Reading, Writing & Role-Playing Across the Curriculum*, Pembroke Publishers Limited.）
中野民夫（2001）『ワークショップ―新しい学びと創造の場―』岩波書店（岩波新書）
中村雄二郎（1990）『魔女ランダ考―演劇的知とは何か―』岩波書店（同時代ライブラリー）（初版は 1983 年、岩波書店）
中根真（2006）「演劇で社会福祉を教え／学ぶことはいかにして可能であるか？」『龍谷大学　大学教育開発センター通信』(12)、7 頁
平田オリザ（2004）『演技と演出』講談社（講談社現代新書）
渡邊慶一（2001）「社会福祉専攻学科教育における演劇的知の思考―グループ活用との関わりのなかで―」『日本社会福祉学会第 49 回全国大会報告要旨集』（沖縄国際大学）、240 頁
渡邊慶一（2006）「演劇的知に基づく手法導入の意義」日本社会福祉学会第 54 回全国大会自主企画シンポジウム・養成課程におけるロールプレイ等の体験学習の意義について（立教大学）
渡邊慶一（2007a）「演劇的手法を活用したグループ支援の意義―『被抑圧者の演劇』を題材に―」『聖母女学院短期大学研究紀要』(36)、8-22 頁
渡邊慶一（2007b）「対人援助トレーニングとしての Improvisation―正統的周辺参加との関連で―」『日本社会福祉学会第 55 回全国大会報告要旨集』（大阪市立大学）、153 頁
渡邊慶一（2007c）「演劇的手法により子どもの権利を学ぶゼミナールの取り組み」日本子ども家庭福祉学会第 8 回全国大会報告要旨集（大阪大谷大学）
渡部淳（2001）『教育における演劇的知―21 世紀の授業像と教師の役割―』柏書房
渡部淳（2007）『教師　学びの演出家』旬報社
Boal, A.（1975）*Theatre of the Oppressed*, Buenos Aires.（ボアール, A. 著、里見実・佐伯隆幸・三橋修訳〔1984〕『被抑圧者の演劇』晶文社）

Boal, A.（1995）*The Rainbow of Desire: the Boal Method of Theatre and Therapy*, Routledge.
Boal, A.（2002）*Games for Actors and Non-Actors*, 2nd ed., Routledge.
Dufeu, B.（1994）*Teaching Myself*, Oxford University Press.
Freire, P.（1970）*Pedagogy of the Oppressed*, Continuum.（フレイレ, P. 著、小沢有作・楠原彰・柿沢秀雄他訳〔1979〕『被抑圧者の教育学』亜紀書房）
Moreno, J. L.（1964）*Psychodrama*: First Volume, 3rd ed., Beacon House.（モレノ, J. L. 著、増野肇監訳〔2006〕『サイコドラマ―集団精神療法とアクションメソッドの原点―』白揚社）
Sheafor, B.W., Horejsi, C.R. & Horejsi, G.A.（2000）*Techniques and Guidelines for Social Work Practice*, 5th ed., Allyn & Bacon.
Spolin,V.（1986）*Theatre Games for The Class Room : A Teacher's Handbook*, Northwestern University Press.
Spolin,V.（1999）*Improvisation for The Theatre*, 3rd ed., Northwestern University Press.（スポーリン ,V. 著、大野あきひこ訳〔2005〕『即興術―シアターゲームによる俳優トレーニング―』未來社）

【序章・6章・7章・8章・10章】

井門正美（2002）『社会科における役割体験学習論の構想』NSK 出版
井門正美（2007）「ゲーミング・シミュレーション型授業の構築―社会的実践力を培う体験的学習プロジェクト―」文部科学省『特色ある大学教育支援プログラム事例集』87-94 頁
井門正美（http://www.nsk-japan.com/book/yakuwari.html）
石川瞭子（2005）「医療福祉についての情報提供に関する研究　大学改革と FD の観点」原平八郎代表「情報通信技術を基盤とした新しい保健福祉知識ベースの構築と提供のあり方に関する研究」『川崎医療福祉学会誌』15（1）、35-39 頁
石川瞭子（2006a）「養成課程におけるロールプレイ等の体験学習の意義について」『日本社会福祉学会第 54 回全国大会　自主企画シンポジウム　大会要旨集』488-489 頁
石川瞭子（2006b）「ともにあり、ともに歩むこと」精神保健現場実習報告集　巻頭言　1 頁　川崎医療福祉大学
石川瞭子（2007）「社会福祉専門職養成課程におけるゲーミング・シミュレーション教育法の検討」『日本社会福祉学会第 55 回全国大会報告要旨集』392 頁
井田仁康（2005）『社会科教育と地域―基礎・基本の理論と実践―』NSK 出版
太田義弘他（2005）『ソーシャルワークと生活支援方法のトレーニング―利用者参加へのコンピュータ支援―』中央法規出版

岡本民夫編著（1995）『社会福祉援助技術演習―実践に必要な柔軟な応用思考・動作の訓練―』川島書店

小串里子（2000）『ワクのない表現教室―自己創出の美術教育―』フイルムアート社

尾崎新（1992）『社会福祉援助技術演習』誠信書房

河村順子（2006）「精神保健福祉現場実習に関する研究―指導者の果たす役割とその意義―」川崎医療福祉大学修士論文

苅谷剛彦・西研（2005）『考えあう技術―教育と社会を哲学する―』筑摩書房（ちくま新書）

学校連盟通信（2000）『社会福祉実習教育の今後』（46）日本社会事業学校連盟事務局

グードヨンス，H．著、久田敏彦監訳（2005）『行為する授業―授業のプロジェクト化をめざして―』ミネルヴァ書房

草柳かほる（2001）「患者の視点に立ったロールプレイイングの学習効果―患者の立場と看護者の立場で考える気づきの違い―」『日本看護学会論文集第 32 回看護教育』182-184 頁

窪田好恵・川崎朋恵・坂田清美（2002）「基礎看護学実習前のロールプレイングによる倫理教育の効果」『日本看護学会論文集第 33 回看護総合』54-56 頁

警察白書（http://www.npa.go.jp/hakusyo/s54/s540400.html）

小松啓他（2005）「コミュニケーションの視点からみた社会福祉援助技術　演習の在り方をめぐって」『日本社会福祉学会第 53 回全国大会報告要旨集』244 頁

佐藤俊一（2004）『対人援助の臨床福祉学―「臨床への学」から「臨床からの学へ」―』中央法規出版

「社会福祉教育セミナー　報告要旨・資料」日本社会事業学校連盟・日本社会福祉士養成協会、2000-2004 年度版

『社会福祉士養成協会ニュース』No. 1. 日本社会福祉士養成協会、2002 年

「社会福祉士資格制度等をめぐるシンポジウム」報告書　日本社会事業学校連盟、2002 年

「社会福祉教育年報」日本社会事業学校連盟、1999-2004 年度版

厚生省・援護局長（1999）「社会福祉士養成施設等における授業科目の目標及び内容並びに介護福祉士養成施設等における授業科目の目標及び内容の改正について」（通知）

杉浦正和・和井田清司編著（1994）『生徒が変わるディベート術！』国土社

「『地域福祉セミナー』地域ケアの推進と個人情報保護」（2006）日本地域福祉学会中国地方部会・岡山県社会福祉協議会

恒吉僚子（1992）『人間形成の日米比較―かくれたカリキュラム―』中央公論社（中

公新書）

文部科学省監修、「特色ある大学教育支援プログラム」実施委員会企画・編集『特色ある大学教育支援プログラム事例集』2006年・2007年度版

ドゥエル, M. 他著、中野敏子・金田知子・村上雅昭訳（2002）『社会福祉実習をどう教えるか―英国の実習指導者のためのテキスト―』誠信書房

中村雄二郎（1992）『臨床の知とは何か』岩波書店（岩波新書）

中西正司・上野千鶴子（2003）『当事者主権』岩波書店（岩波新書）

「日本社会福祉学会第53・54・55回全国大会　報告要旨集」日本社会福祉学会誌、2005-2007年

日本シミュレーション＆ゲーミング（http://www.econ.fukuoka-u.ac.jp/yigarash/jasag/ および http://www.rbbtoday.com/news/20061113/35826.html）

原田慶子・池田紀子（2001）「基礎看護学実習中のロールプレイ演習の効果」『日本看護学会論文集第32回看護教育』125-127頁

平山尚他（1998）『社会福祉実践の新潮流―エコロジカル・システム・アプローチ―』ミネルヴァ書房

藤原真人（2006）「ロールプレイ体験が福祉系大学生におよぼす『変化の意味』に関する研究―K大学における社会福祉援助演習を通して―」川崎医療福祉大学修士論文

福祉士養成講座編集委員会編（2003、2005）『社会福祉援助技術演習』（社会福祉士養成講座15）（新版）（1版・2版）中央法規出版

福祉士養成講座編集委員会編（2003）『社会福祉援助技術論Ⅰ・Ⅱ』（社会福祉士養成講座8・9）（2版）中央法規出版

堀越由紀子（2002）「社会福祉援助技術演習の意義―実践家の立場から―」『ソーシャルワーク研究』28（3）、4-11頁

松川敏道（2000）「理論を実践レベルへ近づける社会福祉援助技術演習の教授方法について」『北海道医療大学看護福祉部研究紀要』（7）、41-47頁

眞口啓介（2006）「グループ学習におけるロールプレイの意義」川崎医療福祉大学卒業論文

増田安代・上田孝男・田口尚子（2003）「ロールプレイによる体験学習を通しての教育効果への検討―精神看護実習における患者理解への試み―」『日本看護学会論文集第32回看護総合』184-186頁

村田日出子（2003）「老年看護学における看護課程演習の検討―模擬患者とロールプレイを導入して―」『日本看護学会論文集第34回看護教育』82-85頁

渡邊慶一（2001）「社会福祉専攻学科教育における演劇的知の思考―グループ活用との関わりのなかで」日本社会福祉学会第49回全国大会報告要旨集（沖縄国際大学）240頁

渡部淳（2001）『教育における演劇的知—21世紀の授業像と教師の役割—』柏書房
渡部淳（2007）『教師—学びの演出家—』旬報社

索　引

■ア 行

IT	82, 181
IT力	190
アサイメント	47, 49
アセスメント	185
アンケート	185
アンケート調査	72
1割負担	136
今ここでの感情	188
イメージシアター	166
医療問題	152
インフォームド・コンセント	152
うつ病	20
NASW	45
──の倫理規定	48, 52
エバリュエーション	185
MSW	44-5
円環的な学び	27, 32, 193
演劇的技法	147, 156-7
演劇的構造	150
演劇的手法	183
演劇的知	150-4, 157, 177
──の可能性	193
演劇ワークショップ	151, 172
援助プロセスに関する演習	31
エンパワーメント	19, 21
応用演劇	158

■カ 行

解放	19, 21
かかわり	149
かかわり方	78
学位	44, 52
学生の主体性の開発と涵養	93
獲得型授業	153, 193
課題解決	162
──のための演劇	164
課題解決型の学習	155
課題解決技能	158
課題解決力	147
カリキュラム（CSWE）	45
観客	61, 150, 164-5
環境	173
監督	61, 150
危機場面	69, 76
空間距離	159
クライエント	148, 167
グループワーク	50
ケアマネージャー	149
ゲーミング・シミュレーション教育法	8, 186-7, 189, 191, 193
現代口語演劇	172
効果的な支援活動	167
国際ソーシャルワーカー連盟（IFSW）	16
コミュニケーション	77-8
コミュニケーション技能	158
コミュニケーショントレーニング	149
コミュニケーション能力	80
──の向上	151
コミュニティ・アサイメント	51

今後の社会福祉士養成教育のあり方について	23	社会福祉をめぐる多様性	91-2
		授業評価	85
■ サ 行		取材班	55, 57, 99
		主体確立	7
サイコドラマ	150	主体性	183
在宅重視	24	主体と責任	6
参加体験型	97	出席カード	106
──の福祉総合教育	1	守秘義務	48, 52
シアターゲーム	160-1	主役	61, 150
シアターフォーラム	164, 166-7	障害者自立支援法	136
CSWE	4, 44	情報	113, 149, 184
支援・援助	23	職員研修	138
支援者	148, 167	職員養成	137, 145
自己開示	49, 52	シラバス改定	26
自己覚知	48, 158	知ることを学ぶ	182-3
──の深化	91-2	人権擁護	191
自己への気づき	158	心身解放作用	157
自殺者数	20	スーパービジョン体制	32
施設中心	24	スポーリン（Spolin, V.）	158, 160
実践の追体験	30	寸劇（スキット）	83
自発性	156-7	生活者としての当事者性	91-2
ジブリッシュ	162	生活問題	19, 21
シミュレーション（疑似体験）	95	精神障害者授産施設	135
社会の変革	19, 21	精神保健福祉士	35
社会福祉援助演習	133	セツルメントハウス	160
社会福祉援助技術演習	24, 69, 82, 111, 153	専門職	150
社会福祉援助技術現場実習	153	相互交流体験	157
社会福祉援助技術論	82, 99	創造性	156-7
社会福祉士	15, 23, 35, 148, 150	相談	80
社会福祉士援助実習	29	相談援助業務	26
社会福祉士養成課程における教育内容の見直しについて	22	ソーシャルワーカー	15
		──の資格（米国）	44
社会福祉法人かしの木	135	──の職務領域	45
社会福祉六法	21	ソーシャルワーカー養成教育	35

ソーシャルワーク	7
──の目的	7
ソーシャルワーク実習	29
ソーシャルワーク実践	29, 167

■タ 行

大学 FD	96, 181
体験学習	51-2, 111, 189, 193
──の意義	131
体験学習型の研修会	139
対人援助	43
対人援助職	136, 138, 145
対話	169
竹内敏晴	158
他者との交わり	160
多問題家族（家庭）	21
チームティーチング	185
知的障害者授産施設	135
調整力	2, 190-1
治療技法	150
綱引き	162-3
TA	5, 69, 75
ティーチング・アシスタント	5, 69
ディープ・バリュー	152
定義（IFSW）	16
定義（社会福祉士）	16
定期テスト	85, 107, 185
当事者主体	181
当事者性の涵養	94
独白	171
独立型社会福祉士事務所	21
共に生きることを学ぶ	182-3
ドラマセラピー	150
トレーニング方法	150

■ナ 行

中村雄二郎	151
為すことを学ぶ	182-3
ニーズ	185
ニート	19
人間として生きることを学ぶ	182-3
ねらい（社会福祉援助技術演習）	25, 27

■ハ 行

場	150
パターナリズム	152
発達障害	20
ハル・ハウス	160
パワーポイント	82, 101, 112, 191
半構造的インタビュー調査	72
BSW	44-6
PC力	2, 190-1
表現力	2, 168, 190-1
被抑圧者の演劇	164, 171
貧困問題	21
フィードバック	106, 185
福祉総合教育の目的	7
福祉総合人	2, 7, 191
舞台	61
フリーター	19
プレイバックシアター	150
ボアール（Boal, A.）	158, 164
傍観者	170
報告	80
保護・指導	23
補助自我	61, 150
ボランティア	51

■マ 行

身近な問題	125
未然防止	112-3, 120
面接	48
──の評価	49
模擬面接	77
持ち味	177
モデリング	30
モデル	78
モレノ（Moreno, J. L.）	150
問題解決	182

■ヤ 行

役割演技	77
役割行動	77
養成教育プログラム	24

■ラ 行

ライフサイクル理論	131
リアクションペーパー	83, 85, 93, 103, 106, 185, 188
リーダーシップ	150
リサーチ	155
臨床の知	151-2
倫理綱領	152
レジュメ班	55, 57, 99
連絡	80
ロールプレイ	43, 47, 51, 77, 79, 156
──の意義	112
──の位置づけ	27
ロールプレイ演習	30
ロールプレイ等の演劇的手法	81, 95, 128-9, 191
ロールプレイ班	55, 57, 99

■ワ 行

ワークショップ形式	133
渡部淳	153, 186

●編著者紹介

石 川 瞭 子（いしかわ・りょうこ）

日本社会事業大学社会福祉学研究科後期博士課程修了。
博士（社会福祉学）、認定臨床心理士。
川崎医療福祉大学医療福祉学部准教授を経て、現在、創造学園大学ソーシャルワーク学部教授。
その他、市区教育委員会・特別支援教室専門家診断講師、国立特別支援教育総合研究所の特別支援教育専門研修非常勤講師及び放送大学・群馬学習センター非常勤講師を務めるなど、幅広く活躍中。
主著に『子どもの性虐待』（単著・誠信書房）、『性虐待をふせぐ・子どもを守る術』（編著・誠信書房）、『不登校を解決する条件』（編著・青弓社）、『精神保健学』（精神保健福祉士養成講座２）（共著・中央法規出版）、『「現場」のちから―社会福祉実践における現場とは何か―』（共著・誠信書房）、『子どもの福祉―事例と新たなとりくみ―』（共著・八千代出版）など多数。

福祉総合教育におけるロールプレイ
―生活者の視点を培うゲーミング・シミュレーションの可能性―

2008年10月30日　第1版第1刷発行

編者者 ── 石　川　瞭　子
発行者 ── 大　野　俊　郎
印刷所 ── ㈲松　本　紙　工
製本所 ── グリーン製本
発行所 ── 八千代出版株式会社

〒101-0061　東京都千代田区三崎町 2-2-13

TEL　03-3262-0420
FAX　03-3237-0723
振替　00190-4-168060

＊定価はカバーに表示してあります。
＊落丁・乱丁本はお取替えいたします。

ISBN978-4-8429-1463-3　Ⓒ 2008 Printed in Japan